LEÇONS
ÉLÉMENTAIRES
SUR
L'HISTOIRE ANCIENNE,

à l'usage de la Jeunesse de l'un et de l'autre sexe ;

par **H. ENGRAND**,

ancien Conservateur des dépôts littéraires de la ville de Reims.

QUINZIÈME ÉDITION,

Augmentée d'un Vocabulaire géographique des noms, des lieux et des peuples dont il est fait mention dans le cours de l'ouvrage.

A REIMS,

CHEZ P. REGNIER, LIBRAIRE-ÉDITEUR,

Rue de l'Arbalète, 9.

1850.

REIMS, DE L'IMPRIMERIE DE P. REGNIER.

LEÇONS

ÉLÉMENTAIRES

SUR

L'HISTOIRE ANCIENNE.

ON TROUVE

à la même librairie classique et élémentaire :

OUVRAGES PAR H. ENGRAND.

Leçons élémentaires sur la mythologie ; un vol. in-12.

Leçons élémentaires sur l'histoire romaine ; un vol. in-12.

habile, qui les fait arriver au but par la route la plus facile et la plus abrégée.

L'Histoire est l'école de l'homme et des peuples de tous les âges. Elle offre de grandes et d'utiles leçons. On peut la regarder comme le tableau des siècles et du cœur humain. Le jeu perfide et atroce des passions en remplit à la vérité presque toutes les pages ; à peine quelques vertus y brillent à travers mille crimes. Mais le jeune homme, dirigé par une main sage et habile, fera également son profit de tout ce qu'il y rencontrera. Les exemples des vertus, quoique rares, quelques traits de grandeur d'âme et d'héroïsme qu'il trouvera répandus çà et là, échaufferont son cœur et y imprimeront fortement l'amour de l'honnête et du beau. Le crime, peint sous des couleurs hideuses et haïssables qui lui sont propres, soulèvera son indignation, et lui en inspirera toute l'horreur qu'il mérite. C'est ainsi que l'exemple du mal peut avoir ses avantages, et souvent porte au bien plus puissamment que la vertu elle-même.

En travaillant l'histoire pour vos enfants, j'ai uniquement désiré de les rendre meilleurs et plus éclairés : toutes mes vues se sont dirigées vers ce but honorable. Former à la fois leur esprit et leur cœur, leur apprendre à puiser dans l'histoire des leçons utiles pour la conduite de la vie, en un mot, en faire des hommes et des sujets honnêtes et vertueux : tel est l'unique objet de mon vœu le plus ardent. Je me flatte que mes efforts ne vous déplairont pas, et que vous leur accorderez quelque sentiment de bienveillance.

Je vous prie de compter sur le plus parfait dévouement de

Votre dévoué serviteur.

ENGRAND,

conservateur des dépôts littéraires de la ville de Reims.

ÉPITRE DÉDICATOIRE.

Pères et Mères,

C'est à vous que j'adresse ce livre : puissiez vous en agréer l'hommage avec autant de plaisir que j'en ai à vous l'offrir ! Je l'ai fait pour vos enfants, ces précieux rejetons sur lesquels la patrie fonde ses plus douces espérances. Comme elle, vous voulez sans doute en faire des hommes. des sujets éclairés et vertueux; vous voulez les enrichir et les orner de tout ce qui peut les rendre intéressants pour l'état et pour eux-mêmes; eh bien ! c'est à l'éducation, c'est à l'instruction qu'ils devront ces avantages inestimables. C'est elle qui fait l'homme, qui lui donne du prix, qui l'élève au-dessus de son semblable. Ne ménagez donc rien pour les former à la vertu et aux sciences. La patrie applaudira à vos généreux sacrifices. Comptez que vos enfants, ces tendres objets de votre sollicitude et de vos sueurs continuelles, seront toujours assez riches, et que même ils possèderont les seuls biens solides, lorsque appelés à prendre place dans la société, ils y montreront des vertus et des lumières, fruits précieux de leur éducation ; et qu'ils serviront utilement le prince et leur patrie. Ils attireront sur eux les regards de l'admiration et de la reconnaissance. Les plus douces jouissances accompagneront partout leurs pas dans l'honorable carrière qu'ils auront à parcourir. Combien ils s'applaudiront d'avoir mis à profit les moments si chers de la jeunesse! Et vous, heureux parents, sans doute, vous ne croirez point alors avoir acheté trop cher les glorieuses destinées de vos enfants. Vous brillerez de leur éclat, et leur bonheur s'étendra jusqu'à vous. Ils feront l'ornement de vos jours, le soutien et la gloire de leur pays.

Jaloux de seconder avec vous, autant qu'il est en moi, les progrès de la jeunesse, dans la carrière de l'instruction, je n'hésite point à lui consacrer mes moments les plus précieux. Les LEÇONS SUR L'HISTOIRE *que je mets au jour sont le fruit de plusieurs veilles. J'ai tâché de simplifier cette étude. J'ai cherché une méthode qui pût rendre sa marche moins gênée, et diminuer les peines trop longues des élèves. Hélas! que ne puis-je leur aplanir entièrement toutes les difficultés qui se rencontrent dans le chemin des sciences! Le grand art des instituteurs est, ce me semble, d'ordonner et de diriger leurs leçons de manière à laisser le moins possible à faire aux jeunes aspirants. Celui-là sans doute est le plus*

DES EGYPTIENS,

ET DES ANCIENS PEUPLES DE L'ASIE.

D. DONNEZ-NOUS une idée de l'Egypte?

R. L'Egypte, contrée de l'Afrique, n'est séparée de l'Asie que par la mer rouge. C'est un pays extrêmement fertile. Le Nil, qui en baigne les terres pendant plus de trois mois de l'année, y dépose un limon qui les engraisse et les fertilise; si le débordement du fleuve est au-dessous de huit pieds, ou s'il monte au-dessus de vingt-quatre, le pays est sans récolte. L'Egypte.

L'Egypte offre pendant l'été l'aspect d'une mer parsemée de villes, de villages et de bosquets; pendant l'hiver c'est une plaine riante, couverte de moissons, d'arbres odoriférants, de troupeaux et de laboureurs.

D. Les Egyptiens sont-ils un peuple bien ancien?

R. C'est le plus ancien que l'histoire nous fasse connaître : il fleurissait déjà du temps des patriarches. Il paraît constant que Menès a été le premier roi d'Egypte. Des savants pensent que c'est un des petits-fils de Noé.

Menès, premier Roi d'Egypte.

Après Menès, le fil de l'histoire se perd pendant plusieurs siècles. On conjecture que les rois *pasteurs* ont régné pendant ces temps inconnus : ces pasteurs étaient des arabes qui avaient fait la conquête de l'Egypte.

Sésostris.

Enfin paraît le fameux Sésostris : ses conquêtes le placent sur le trône, et il obtient le premier rang parmi les législateurs connus jusqu'alors. On ne sait rien de certain sur le règne de ce prince.

D. Quel est le temps où l'histoire de l'Egypte commence à s'éclaircir ?

R. Cette histoire ne commence à être un peu connue que depuis environ 670 ans avant J.-C. Régnait alors Psammethicus ; il ouvrit ses portes aux grecs, et forma des liaisons de commerce avec ce peuple.

Psammethicus, roi de l'Egypte.

Néchos, son fils, le remplaça sur le trône. Il entreprit de joindre le Nil à la mer rouge par un canal de communication. Il ne put réussir ;

Néchos lui succède.

ABRÉGÉ

DE

L'HISTOIRE ANCIENNE.

VOULANT resserrer cet Abrégé, de manière à n'offrir au lecteur de l'histoire ancienne que les choses qu'il lui serait honteux d'ignorer, on sent que nous devons nous borner aux choses les plus intéressantes; nous passerons rapidement sur les peuples moins connus; nous ne recueillerons de leur histoire que les traits les plus remarquables et les plus propres à instruire. Nous nous arrêterons surtout à l'histoire grecque. Nous ne pouvons être indifférents sur les mœurs, les lois et la politique d'un pays aussi célèbre. Les arts, les sciences, les monuments du génie, les traits de vertu, l'héroïsme de la liberté, tout ce qu'il y a de beau, d'intéressant dans tous les genres, semble appartenir à ce sol heureux. Nous croyons donc qu'on nous saura quelque gré de nous attacher particulièrement à faire connaître cette nation si fertile en grands hommes, et qui intéresse par tant d'endroits.

L'origine des anciens peuples, leur gouvernement, et ce qui forme leur histoire dans les jours reculés de leur enfance, se perd dans la nuit des temps. Nous laisserons les fables et les choses douteuses, et nous aurons le plus grand soin de ne donner que les faits importants qui se présenteront sans aucun nuage, et revêtus de tous les caractères de la vérité.

ligion, toujours empressée à répandre la vérité et les lumières, montre une conduite bien différente.

D. Faites-nous connaître les principales lois d'Egypte ?

R. Une loi importante et bien digne de remarque regardait les rois. Ils étaient jugés publiquement après leur mort ; chacun pouvait les accuser. S'ils avaient mal vécu, ils étaient privés des honneurs de la sépulture. On sent quelle heureuse influence pouvait avoir cette sage coutume sur la conduite des rois. Lois.

L'adultère était sévèrement puni. L'homme qui s'en était rendu coupable recevait mille coups de verges, et l'on coupait le nez à la femme.

Le soldat qui avait fait preuve de lâcheté était déclaré infâme.

Quiconque avait pu sauver un homme des mains des meurtriers, et ne l'avait pas fait, était puni de mort ; et la ville, près de laquelle on avait trouvé le cadavre, était obligée de lui faire de riches obsèques, tant les lois veillaient à la conservation des citoyens.

Les créanciers n'avaient de droits que sur les biens, et jamais sur la personne de leurs débiteurs.

Une loi d'Amasis portait que chaque citoyen déclarerait tous les ans sa profession, et ferait connaître ses moyens de subsistance; ceux qui ne pouvaient prouver que ses moyens fussent avoués par les lois, étaient punis de mort.

Les enfants étaient obligés de faire l'état de leurs pères, sans pouvoir jamais le changer.

La polygamie ou la pluralité des femmes était permise, excepté aux prêtres; la même loi permettait aussi les mariages entre frères et sœurs.

Jurisprudence.

D. Comment se rendait la justice?

R. Il existait un tribunal extrêmement respecté, composé de trente juges. Les trois villes capitales, Héliopolis (1), Memphis et Thèbes, les nommaient, et fournissaient chacune leur nombre réglé sur la population. L'Etat les payait, et le roi leur faisait jurer de ne point lui obéir, s'il ordonnait quelque chose

(1) Héliopolis était dans la basse Egypte, Memphis dans la moyenne, Thèbes dans la haute.

mais il fut plus heureux dans une autre entreprise digne d'immortaliser son règne. Des navigateurs Phéniciens partirent par ses ordres de la mer rouge, firent le tour de l'Afrique, et arrivèrent trois ans après à l'embouchure du Nil.

D. Quel fut le successeur de Néchos ?

Amasis favorise le commerce.

R. Néchos eut pour successeur son fils, qui fut détrôné par Amasis. Celui-ci donna une nouvelle vigueur au commerce ; il attira les Grecs dans ses états, et fit un grand accueil à Solon et à Pythagore, qui y vinrent pour s'instruire.

Cambyse, roi de Perse, soumet l'Egypte.

Cette monarchie touche à sa fin. Cambyse, roi de Perse, subjugua toute l'Egypte sous le règne suivant, vers l'an 525 avant J.-C.

D. Quel était le partage des terres en Egypte ?

Partage des terres.

R. Les terres étaient partagées entre le roi, les prêtres et les gens de guerre. Le reste de la nation devait subsister de son travail. Ce partage semble renfermer des vues peu sages. Les richesses amollirent les guerriers ; elles rendirent les prêtres trop puissants: le peuple était sans considération.

D. Quel rang les prêtres occupaient-ils dans l'Etat?

R. Ils avaient fait la constitution; ils cultivaient seuls les sciences: ils ne pouvaient donc manquer d'avoir une grande influence dans les affaires.

D. Quelle était la religion des Egyptiens?

Religion des Egyptiens.

R. Ces peuples étaient idolâtres. Les hommes, les animaux eux-mêmes y eurent des autels. Le bœuf Apis était la première de ces divinités ridicules: c'était un taureau noir marqué de certaines taches. Le chat, le chien, le crocodile recevaient aussi les honneurs divins. Ces animaux étaient sacrés, et les tuer était un crime puni de mort.

Les prêtres ne partageaient pas la croyance du peuple, ils reconnaissaient l'être-suprême. Mais ils ne communiquaient leurs lumières qu'à un petit nombre de personnes qu'ils initiaient dans leurs mystères. Ils entretenaient la foule dans une honteuse superstition. La vraie re-

momies d'Egypte parfaitement conservées.

D. Quel était le caractère des Egyptiens ?

Caractère des Egyptiens.

R. Ce peuple, peut-être un peu trop vanté, avait sans doute des talents et des vertus pacifiques; mais il était mou, lâche, superstitieux, esclave de ses préjugés, méprisant tout ce qui venait de l'étranger, et mettant par là-même un grand obstacle à ses progrès dans les sciences.

Sur les Phéniciens.

D. Qu'est-ce que la Phénicie ?

R. La Phénicie, située sur les côtes de la Méditerranée, était un pays extrêmement stérile. La navigation était l'unique ressource de ce pays pour subsister; l'industrie ouvrit cette voie à ses habitants. Quoiqu'ils n'eurent d'autres guides que les étoiles du pôle, ils parcoururent au loin les mers, et étendirent prodigieusement leur commerce.

La Phénicie s'enrichit par le commerce.

Bientôt la Phénicie peupla de ses colonies les îles de Chypre et de Rhodes, la Grèce, la Sicile, la

Sardaigne ; elles s'avancèrent jusque dans l'Espagne ; elles pénétrèrent même dans l'Océan, et Cadix devint leur entrepôt. Ce pays acquit d'immenses richesses, et le commerce rendit ce peuple un des plus florissants.

Découverte des Phéniciens.

D. La découverte de la teinture de pourpre n'est-elle pas due aux Phéniciens ?

R. Oui, cette précieuse teinture nous vient de ce pays. Le hasard la fit découvrir. Un chien, pressé par la faim, brise un coquillage ; sa gueule se teint : on ouvre d'autres coquillages semblables, et on trouve le moyen d'en extraire cette intéressante liqueur, et de l'appliquer aux étoffes. Bientôt la pourpre devint l'ornement des rois.

On fait encore honneur aux Phéniciens d'une invention sublime, des caractéres de l'alphabet. Les Grecs ont formé leurs lettres sur celles des Phéniciens, les Latins ont copié les Grecs, et nous avons adopté l'alphabet des Latins.

Combien cette riche découverte a étendu la sphère des lumières et des connaissances humaines !

d'injuste. Les affaires se discutaient par écrit, pour se mettre en garde contre les prestiges de l'éloquence. Le président tenait une figure de la vérité et en touchait celui qui gagnait sa cause, pour faire entendre que la vérité seule dictait ses arrêts.

D. Les sciences et les arts étaient-ils cultivés chez les Egyptiens?

Art et Sciences.

R. Les sciences et les arts étaient en honneur dans l'Egypte, et ont rendu ce pays célèbre. L'invention de la charrue est attribuée à Osiris. On voyait en Egypte de fines étoffes, des vases ciselés, longtemps avant que les Hébreux fussent réunis en corps de nation.

L'architecture y a produit des monuments merveilleux. Les fameuses pyramides étaient des prodiges de l'art. Ces magnifiques tombeaux annoncent encore aujourd'hui le haut point de gloire de l'architecture égyptienne. La plus grande des trois pyramides qui restent a 2,640 pieds de circuit, et au moins 500 pieds de haut.

Les obélisques étaient aussi des monuments prodigieux par leur masse On en voyait plusieurs d'une seule pièce de 190 pieds de haut. Il en a été transporté un à Rome, encore beaucoup plus grand, que Sixte-Quint a rétabli.

D. Continuez à nous faire connaître les progrès des arts et des sciences chez les Egyptiens?

R. L'arpentage des terres était porté au plus haut dégré de perfection par les Égyptiens.

Leur manière exacte de mesurer la crue des eaux du Nil suppose de grandes connaissances. Le lac Méris, destiné à suppléer aux inondations de ce fleuve, lorqu'elles étaient trop peu abondantes, ou à en recevoir une partie, lorsqu'elles étaient trop fortes, est un ouvrage digne d'immortaliser ce peuple. L'usage des machines leur était connu.

Ils avaient des connaissances dans la géographie et dans l'astronomie. Ils divisèrent l'année en douze mois; ce fut d'abord l'année lunaire de 354 jours seulement; ils trouvèrent enfin la véritable année solaire de 365 jours et plusieurs heures.

Ils avaient un art merveilleux pour embaumer leurs morts. Nous avons encore aujourd'hui des

D. Que dit l'écriture sainte de Babylone ?

R. On voit dans l'écriture que Nemrod, arrière-petit-fils de Noé, fonda Ninive. Plusieurs croient qu'il est le même que Ninus. Les savants n'ont pu écarter les voiles qui enveloppent les antiquités de cet empire. L'histoire ne nous dit rien de remarquable pendant plus de 800 ans qui s'écoulèrent jusqu'au voluptueux Sardanapale, roi d'Assyrie ; elle nous fait connaître la catastrophe de ce roi si fameux qui, assiégé par les Mèdes, se brûla avec ses femmes.

D. Quelle fut la principale science des Babyloniens ?

Les Babyloniens se livrent à l'étude des astres.

R. Les Babyloniens, et leurs prêtres surtout, s'attachèrent particulièrement à l'étude des astres ; leurs progrès dans cette science sont connus. Ils inventèrent les cadrans solaires. Mais bientôt ils firent de cette étude une science ridicule et absurde. Ils prétendaient connaître l'avenir par l'inspection des astres, et le peuple aveugle les crut sur parole. Cette science est ce que l'on appelait l'astrologie judiciaire. Ils établirent le culte des astres. Leur dieu Bélus était le soleil. Les prêtres néanmoins reconnaissaient un Dieu suprême; mais ils se gardaient bien de communiquer au peuple cette connaissance.

Sur les Mèdes et les Perses.

Les Mèdes. D. Quel pays habitaient les Mèdes et les Perses ?

R. La Médie et la Perse, situées au-delà du Tigre, occupaient, la première au nord, la seconde au midi, une vaste étendue de pays entrecoupée de montagnes.

Les Mèdes vivaient sous l'empire des Assyriens; mais ils secouèrent le joug sous Sardanapale, ce roi voluptueux, uniquement occupé de ses plaisirs. Ils vécurent d'abord sans chef, ni gouvernement; mais bientôt fatigués des désordres de l'anarchie, ils se donnèrent pour roi Déjocès, vers l'an 600 avant J.-C.

D. Leur monarchie subsista-t-elle longtemps ?

R. Les Mèdes, énervés et abâtardis par une éducation molle et efféminée, passèrent bientôt sous le

D. Quelles ont été les principales villes de la Phénicie ?

R. Sidon en a été la première capitale. Tyr devint ensuite plus florissante : mais Carthage, colonie de Tyr, fondée vers l'an 890 avant J.-C., surpassa toutes les autres en richesse et en puissance.

Sidon, première capitale de la Phénicie.

Carthage, en Afrique, a été fondée par Didon, qui fuyait Pygmalion, roi de Tyr, assassin de son époux. Cette malheureuse princesse y transporta ses trésors, et y jeta les premiers fondements de cette célèbre rivale de Rome.

Sur les Assyriens et les Babyloniens.

D. Quelle partie de l'Asie habitaient ces peuples ?

R. Ils habitaient la Mésopotamie, située entre le Tigre et l'Euphrate, peut-être le plus beau pays du monde.

Babylone sur l'Euphrate, et Ninive sur le Tigre, furent les capitales de deux grands empires. Mais il y a beaucoup d'apparence que les Babyloniens et les Assyriens ne formèrent plus dans la suite qu'un seul et même peuple.

Ninus, fondateur de Ninive.

D. Que dit-on de Ninus?

R. Ninus fonda Ninive, et après avoir tout réglé dans cette nouvelle ville, il leva une armée composée d'un million d'hommes, et partit pour faire des conquêtes. Sémiramis, femme d'un de ses officiers, fait des prodiges de valeur, il l'épouse et lui laisse la couronne.

D. Faites-nous connaître cette femme célèbre?

Sémiramis bâtit Babylone.

R. Sémiramis bâtit Babylone plus grande que Ninive. Les murs de cette ville, où six chars pouvaient aller de front, de magnifiques jardins suspendus, le temple de Bélus, sont rangés au nombre des sept merveilles du monde : on voyait dans ce temple une statue d'or de 40 pieds de haut.

Cette illustre princesse, après avoir bâti plusieurs autres villes, marche à la tête d'une armée innombrable pour conquérir des royaumes; elle attaque le roi de l'Inde, elle est vaincue et obligée de fuir. Elle rentre dans ses états, et meurt quelque temps après. L'histoire de cette femme surprenante est sans doute semée de bien des fables.

domination des Perses. Déjocès, leur roi, gouverna d'abord avec sagesse; mais son gouvernement ne tarda point à dégénérer. Renfermé dans Ecbatane, sa capitale, qu'il venait de bâtir, il se livra au plus grand faste asiatique; les princes, les grands et le peuple, partagèrent les mêmes goûts. L'éducation fut livrée aux femmes et aux eunuques. Enfin les Perses n'eurent qu'à se présenter pour les soumettre.

D. Donnez-nous une idée du gouvernement des Perses?

Les Perses

R. La monarchie des Perses était très ancienne. Les Perses étaient éclairés: ils reconnaissaient un seul Dieu (1); ils ne voulaient point de temples, persuadés que ce serait faire insulte à la divinité, de la renfermer dans une enceinte de murs. Leurs prêtres, connus sous le nom de Mages, se distinguaient par la science et par les mœurs austères.

Législation des Perses.

Les lois punissaient les vices, comme l'ingratitude, etc.; elles

(1) Les Perses n'adoraient ni le soleil, ni le feu, comme le prétendent quelques historiens; mais ils les regardaient comme les symboles de la puissance divine.

inspiraient l'amour de la justice, la haine du mensonge et de l'oisiveté: elles honoraient l'agriculture; le prince était dans l'usage de manger une fois dans l'année avec les laboureurs.

D. Continuez à nous faire connaître la législation des Perses?

R. L'éducation était un objet important chez les Perses. Ils s'attachaient surtout à former des hommes sages et courageux. Les jeunes gens étaient jusqu'à l'âge de 17 ans entre les mains de maîtres habiles, qui les instruisaient sur tout ce que doivent savoir et pratiquer les bons citoyens; il fallait pour être admis aux emplois, avoir suivi leurs leçons. Un peuple où l'éducation était ainsi soignée ne pouvait manquer d'être riche en hommes intéressants.

D. Quand Cyrus commença-t-il à régner, et quel fut son gouvernement?

Cyrus commence à gouverner vers l'an 560 avant J.-C.

R. On convient généralement qu'il régna vers 560 av. J.-C. Ce règne fait une grande époque dans l'histoire de Perse. Cyrus rendit cet empire célèbre et florissant.

Ce monarque, selon Xénophon,

est un héros vertueux; si l'on en croit Hérodote, c'est un conquérant ambitieux et injuste. Il périt, selon ce dernier, dans une bataille où il fut défait par Thomyris, reine des Messagètes. Celle-ci plongea la tête de son ennemi dans un vase plein de sang: « Abreuve-toi de sang, dit-elle, puisque tu en as toujours eu soif. »

Xénophon, au contraire, le fait mourir dans son lit après un règne glorieux de trente ans.

Exploits militaires de Cyrus.

Il est certain que ses armes furent très glorieuses, et que ce prince étendit prodigieusement ses conquêtes. Il défit Crésus, roi de Lydie, fameux par ses grandes richesses. Il soumit Babylone après un long siége et délivra les Juifs captifs depuis 70 ans. Il pénétra jusqu'à l'Inde et se fit craindre d'autre part jusqu'à la mer Caspienne et l'Archipel.

D. Les vastes conquêtes de Cyrus firent-elles le bonheur de son peuple?

R. Loin de le rendre plus heureux, elles furent pour les Perses une source de malheurs. Le luxe des Mèdes corrompit et le monarque et les sujets. Le maître devint orgueilleux, et les sujets de vils flatteurs. La passion des conquêtes fit tout négliger au-dedans. Le prince ne prit aucun soin de l'éducation de ses fils. En un mot, les guerres si heureuses de ce fameux conquérant préparèrent la ruine prochaine de l'empire.

D. Quel fut le successeur de Cyrus?

Cambyse succède à Cyrus.

R. Ce fut Cambyse son fils. Ce prince est justement chargé de l'exécration générale. La jalousie le porta à assassiner son frère Smerdis; il épousa, au mépris des lois, sa propre sœur. Les juges consultés sur ce fait eurent la bassesse de répondre que la loi permettait aux monarques de faire ce qu'ils voulaient.

D. Quelle ruse employa-t-il pour prendre d'assaut la ville de Péluse?

R. Pour conquérir plus sûrement l'Egypte, il imagina un jour qu'il voulait forcer Péluse, de placer à la tête de son armée quantité d'animaux sacrés pour les Egyptiens. Ceux-ci, dit-on, ne se défendirent point. Cambyse fit tuer le bœuf Apis, renversa leurs temples, et se permit les plus grands excès.

Ce prince, aussi imprudent que

méprisable, voulant étendre ses conquêtes, se présenta en Ethiopie; mais il fut honteusement repoussé par ce peuple composé d'hommes robustes et belliqueux. Il se disposait à se venger d'une conspiration formée contre lui en Perse; mais il mourut d'un accident, l'an 522 avant J.-C.

Sa mort, arrivée l'an 522 avant J.-C.

D. Quel fut le successeur de Cambyse?

R. Un mage s'était donné pour le prince Smerdis, et avait usurpé le pouvoir. L'imposture fut découverte, et l'usurpateur mis à mort. Darius, fils d'Hystape, régna en sa place. Il marcha sur les traces de Cambyse, et se fit détester comme lui. Il porta ses armes dans la Scythie, nation pauvre, libre et indomptable, et il échoua honteusement.

Darius remplace Cambyse.

Nous aurons occasion, en parlant de la Grèce, de faire voir la décadence et la ruine de l'empire de Cyrus.

Sur les Indiens.

D. Donnez-nous une idée de l'Inde?

R. L'Inde, au midi de l'Asie, est

L'Inde.

arrosée par l'Indus et le Gange. C'est un des plus riches pays de la nature par ses mines de diamants et de pierreries de toute espèce, par ses cotons et ses soies. La terre y est extrêmement fertile. Elle produit abondamment, et avec peu de travail, du riz, des cannes à sucre, des épiceries, des fruits délicieux. Les chameaux, les éléphants, ces animaux si utiles, y sont en grand nombre.

D. Comment étaient divisés les Indiens ?

Indiens divisés en plusieurs castes.

R. Ils formaient plusieurs castes. L'une d'elles, appelée les *surveillants*, rendait compte au prince de la conduite des autres.

La caste des Brahmes ou des Brachmanes était la première. Elle avait le dépôt de la religion et de la science. Les Brahmes jouissaient dans l'Inde de la même autorité que les mages dans la Perse, et les prêtres en Egypte.

Les Brachmanes menaient une vie très austère. C'était à leurs yeux un grand mérite d'exercer leurs corps à la douleur ; ils méprisaient la mort: souvent même ils se brûlaient tout vifs, pour finir une vie dont ils faisaient peu de cas.

La caste des laboureurs était considérée. La loi lui accordait tous les avantages propres à favoriser l'agriculture. Leurs personnes et leurs biens n'étaient assujettis à aucunes charges publiques.

D. Quelle était la doctrine des Indiens?

Doctrine des Indiens.

R. Selon eux, le monde avait commencé, il devait finir. Dieu le remplit de sa présence. L'homme pécheur était condamné à vivre de son travail. Ils croyaient à la métempsycose, c'est-à-dire, que les âmes passaient dans d'autres corps, et que celles des hommes qui avaient mal vécu habitaient les corps des animaux immondes et malheureux, en punition de leurs crimes.

Les femmes se faisaient un devoir de se brûler après la mort de leurs maris. Cet usage n'est pas encore aujourd'hui totalement détruit.

On croit que les chiffres arabes et le jeu des échecs viennent des Indiens.

HISTOIRE GRECQUE.

CHAPITRE I.

Les temps fabuleux et héroïques.

Origine des Grecs.

D. Qu'étaient les Grecs à leur origine ?

R. Nous connaissons peu les premiers temps de la Grèce. Les Grecs furent au commencement des sauvages, vivant dans des cabanes et couverts de peaux. Ils étaient sans lois, ils ne connaissaient pas même le mariage.

Une colonie, qu'on croit sortie d'Egypte, s'établit dans la Grèce vers l'an 2,000 avant l'ère vulgaire. Ses premiers chefs furent vraisemblablement Saturne, Jupiter et les autres Titans. Ogygès, Inachus, suivirent. Argos, Eleusis, étaient alors les deux seules villes connues dans la Grèce. L'Attique fut ravagée par une inondation, connue sous le nom de *déluge d'Ogygès*.

D. Continuez à nous faire connaître les premiers siècles de la Grèce ?

R. Le fil de l'histoire de ce pays retombé dans la barbarie, nous échappe pendant plusieurs siècles. Cécrops, à la tête d'une nouvelle colonie venue d'Egypte, fonda la ville d'Athènes, nommée d'abord Cécropie, l'an 1582 avant l'ère des Chrétiens.

Cécrops, fondateur de la ville d'Athènes.

Cécrops institua le mariage; il régla le culte, et il établit plusieurs tribunaux, et entre autres le fameux Aréopage.

Ce tribunal, si digne d'être connu, ne rendait ses jugements que de nuit, en plein air, et sur la simple exposition des faits. On ne lui a jamais reproché aucune injustice.

D. Quel fut le successeur de Cécrops?

R. Cécrops, après un règne de cinquante ans, mourut sans laisser de postérité. Cranaüs, athénien, lui succéda. Sous son règne arriva le déluge de Deucalion, qui régnait sur le mont Parnasse et dans la basse Thessalie. Cranaüs, après neuf ans de règne, fut chassé par Amphictyon, homme inconnu, qu'il ne faut pas confondre avec un autre

Cranaüs règne après Cécrops.

Amphictyon, fils de Deucalion, qui régnait aux Thermopyles.

C'est celui-ci qui forma une confédération de douze villes grecques, dont les députés devaient se rendre deux fois l'année aux Thermopyles. Ces assemblées s'appelaient *le conseil des Amphictyons.*

D. En quel temps Cadmus parut-il dans la Grèce ?

Cadmus fonde la ville de Thèbes.

R. Il y parut soixante-trois ans après Cécrops, et l'an 1519 avant J.-C. Amphictyon régnait alors à Athènes. Il se rendit maître de toute la Béotie et fonda la ville de Thèbes, appelée d'abord de son nom la Cadmée. Il était Phénicien. Il apporta aux Grecs l'écriture alphabétique et plusieurs arts.

C'est de lui que nous vient cet art ingénieux
De peindre la parole et de parler aux yeux ;
Et par les traits divers de figures tracées,
Donner de la couleur et du corps aux pensées.

(BRÉBEUF.)

Danaüs s'établit dans l'Argolide avec une colonie.

Danaüs vint de l'Egypte dans l'Argolide, huit ans après l'arrivée de Cadmus. Il chassa Célanus du trône et y monta en sa place. Il introduisit l'agriculture et plusieurs autres arts dans ses états.

Telles sont les colonies qui ont peuplé la Grèce, et dont les chefs ont enrichi ce beau pays des arts qu'ils y ont apportés.

D. Que se passa-t-il depuis l'établissement de ces différentes colonies jusqu'à la guerre de Troie?

R. Il s'écoula plus de trois cents ans depuis l'arrivée de ces colonies, jusqu'au siége de la ville de Troie, contre laquelle toute la Grèce se réunit pour venger l'injure faite à Ménélas. Cette guerre funeste dura dix ans, et Troie fut prise l'an 1209 avant J.-C.

Prise de la ville de Troie, l'an 1209 avant J.-C.

La guerre de Thèbes, où sept rois se liguèrent contre Etéocle; l'expédition des Argonautes dans la Colchide pour enlever la toison d'or, eurent lieu dans cet espace de temps. Au reste ce qui se passa pendant ces trois siècles n'offrent rien de certain; c'est dans la fable qu'il faut étudier ces temps plutôt que dans l'histoire.

D. Connaît-on bien les événements qui suivirent la prise de Troie?

R. La longue absence des principaux chefs de la Grèce ramena la

Les temps qui suivirent la guerre de Troie sont peu connus.

licence et la barbarie dans leurs Etats. Les lois, les mœurs cessèrent d'être respectées. Ces peuples errèrent de nouveau de contrée en contrée, et ne vécurent plus que de brigandage. La plupart des vainqueurs de Troie perdirent leurs trônes. Les uns périssent par la tempête ; d'autres sont jetés sur des rivages étrangers ; plusieurs rentrent dans leurs pays ; mais ils sont ou assassinés ou chassés. Tel fut le sort de ces héros. L'œil de l'histoire ne peut pénétrer ces temps d'anarchie et de désordre. Nous savons seulement que, plus de 80 ans après, les Héraclides, descendants d'Hercule, chassés du Péloponèse, y rentrèrent les armes à la main, et s'emparèrent de Mycène, de Sparte et d'Argos ; ils portèrent partout la terreur et la mort.

D. Qu'arriva-t-il dans ces conjonctures ?

R. Les colonies grecques passent la mer, s'établissent sur les côtes et dans les îles de l'Asie mineure. On remarque surtout les Ioniens, les Eoliens et les Doriens. C'est là qu'Homère composa ses deux poèmes immortels, environ 300 ans après la prise de Troei.

D. Quelles étaient les mœurs de ces temps?

R. Elles étaient simples et grossières. Nous pouvons en voir le tableau dans Homère. Les rois de ces temps régnaient sur quelques villes ou peuplades, et étaient bien moins puissants qu'on ne s'imagine; ils n'avaient presque aucun appareil de grandeur. Ils se chargeaient souvent du travail de la cuisine: ils tuaient eux-mêmes les pièces de bétail dont ils se nourrissaient: ils les faisaient cuire, et les apprêtaient. Homère, dans son Iliade, nous fait voir Agamemnon servant le dos d'un bœuf à Ajax. L'histoire nous représente également les reines, les princesses et leurs filles, occupées à laver, filer et à faire toutes les choses qui regardent le ménage.

Mœurs de ces temps.

La loi du plus fort était la seule écoutée. Ils n'avaient aucune idée de la science militaire. Le soldat ne recevait point de paye; il ne vivait que de pillage et de butin qui se partageaient entre les chefs et les soldats.

D. Dites-nous un mot des jeux des Grecs ?

Les jeux des Grecs.

R. Ces jeux, si goûtés par les Grecs, offraient plusieurs avantages. Ils contribuèrent beaucoup aux progrès de la civilisation, en rapprochant les hommes et favorisant les liaisons de commerce et d'amitié entre les différents peuples qui y accouraient en foule. L'émulation y était excitée, non par l'intérêt, mais par la gloire, et donnait à l'âme je ne sais quel heureux essor.

On sait aussi combien ces exercices étaient avantageux au corps ; ils lui donnaient de la vigueur, de l'agilité, de l'adresse, et les accoutumaient à supporter tous les travaux militaires.

Nous verrons combien ces jeux, ces spectacles dégénérèrent dans la suite, et firent naître d'abus.

D. Qu'étaient-ce que les jeux Olympiques ?

Jeux Olympiques.

R. Les jeux Olympiques, ainsi appelés, parce qu'ils se célébraient près d'Olympie, dans le Péloponèse, étaient les plus célèbres de tous. Ils avaient lieu tous les quatre ans. Les Olympiades, années où ces jeux étaient célébrés, servaient de dates pour les faits. La première, dont parle l'histoire, commence en l'an 766 avant J.-C.

CHAPITRE II.

De Sparte, et des lois de Lycurgue.

D. QU'ÉTAIT la Grèce au temps de Lycurgue?

R. Toute la Grèce était déchirée par des factions. L'amour de la liberté luttait continuellement contre l'ambition des citoyens qui cherchaient à s'élever. Sparte, dans le Péloponèse, dite aussi Lacédémone, était gouvernée alors par deux princes de la race des Héraclides. Les descendants de cette race occupaient le trône depuis environ neuf cents ans. Ces deux rois s'entendaient mal; Sparte était en proie à des dissensions continuelles: Lycurgue paraît, il termine les querelles et les malheurs de son pays.

D. Qu'était Lycurgue, et comment fut-il appelé à réformer son pays?

R. Lycurgue, fils du roi Eunome,

remplaça sur le trône son frère aîné, mort sans enfants ; mais la femme du défunt était enceinte, et accoucha d'un fils au bout de trois mois. Lycurgue se dessaisit de la couronne en faveur de cet enfant ; et pour éloigner les soupçons, il voyagea en Crète, en Asie et en Égypte. Il étudia soigneusement les gouvernements de ces nations.

Lycurgue gouverne.

Bientôt les désordres, qui déchiraient sa patrie, firent regretter son absence. On sentit vivement le besoin qu'on avait de ses vertus et de ses lumières. On le pressa de revenir, et il se rendit aux vœux de ses concitoyens.

D. Donnez-nous une idée de la réforme de Lycurgue ?

Réforme de Lycurgue.

R. Lycurgue refondit le gouvernement en entier. Mais pour mieux réussir dans ce hardi projet, il fit semblant d'être inspiré. L'oracle de Delphes consulté répond que Lycurgue est l'ami des Dieux et le plus grand des législateurs. Le prince s'assure d'ailleurs du suffrage des principaux citoyens. Alors il se présente en arme dans la place publique, et fait connaître son plan de réforme : personne n'osa résister (1).

Il créa un sénat composé de vingt-huit membres électifs. La souveraineté résidait proprement dans le peuple. Le sénat proposait les affaires ; le peuple assemblé approuvait et rejetait les propositions du sénat.

Lycurgue laissa subsister les deux rois ; ils présidaient au sénat, ils étaient les généraux de la république, mais d'ailleurs leur pouvoir était très limité. Le sénat était une autorité intermédiaire, placée entre les rois et le peuple, pour balancer les pouvoirs, et maintenir l'équilibre entre ces deux puissances.

D. Quelles sont les autres parties de son plan de réforme ?

R. Ce profond législateur crut essentiel d'établir une parfaite égalité entre les citoyens. Il fit un nouveau partage des terres ; il bannit les arts et le luxe ; il proscrivit l'or

(1) Deux choses surtout facilitèrent l'exécution du plan de Lycurgue ; le petit nombre d'hommes dont ce peuple était composé (on comptait alors seulement 39,000 citoyens, 9,000 à Sparte, le reste à la campagne) et l'antique simplicité des mœurs de ce peuple.

et l'argent, et créa en leur place une monnaie de fer extrêmement pesante et incommode.

Il établit une seule table pour tous les citoyens ; les rois eux-mêmes ne pouvaient en avoir d'autre. Tout ce peuple semblait ne former qu'une seule famille. Tous s'habituaient ensemble à la même frugalité, et les richesses devenaient tous les jours plus inutiles.

D. Lycurgue ne régla-t-il point aussi l'éducation des enfants?

Éducation des Grecs.

R. Oui, et il prit en grande considération cet objet important. L'État fut chargé de l'éducation de la jeunesse; elle était la même pour tous les enfants. On leur donnait à tous les mêmes mœurs, les mêmes goûts, les mêmes habitudes, parce qu'ils étaient tous destinés à remplir les mêmes devoirs. On s'attachait surtout à les exercer au travail, à la patience, à la fatigue, à l'obéissance la plus prompte. On conçoit sans peine qu'une pareille école devait produire bien des héros.

Éducation des femmes.

L'éducation des femmes fut également l'objet des soins de Lycurgue. Il savait combien les mœurs de cette intéressante portion de l'espèce humaine influent sur celles des hommes. Tout concourait à leur donner un corps robuste, et à leur inspirer des vertus mâles. Elles partageaient les exercices violents pratiqués à Sparte. Les filles s'exerçaient à la lutte dans les jeux.

Le commerce entre les deux sexes était réglé par des lois extrêmement sévères. L'amour ne servait en quelque sorte que d'encouragement aux devoirs les plus pénibles. Loin d'amollir et de corrompre, il était la récompense de la vertu et du mérite. La législation de Lycurgue est de 872 ans avant J.-C.

D. S'éleva-t-il quelque guerre du temps de Lycurgue ?

Les Grecs prennent une seule fois les armes du temps de Lycurgue.

R. Il y en eut une seule sous Agis, fils d'Eurysthène, qui réduisit les Ilotes en esclavage. Lycurgue, il est vrai, avait fait des Spartiates autant d'excellents guerriers, pour lesquels la guerre était même un temps de repos, tant la discipline était dure et sévère pendant la paix. Mais pour mettre un frein à cette ardeur guerrière, il leur interdit toute conquête. Il voulut qu'ils ne fussent armés que pour la liberté et leur défense personnelle.

D. L'institution des Ephores est-elle due à Lycurgue ?

R. Quelques écrivains l'ont avancé ; mais il paraît plus vraisemblable que cette magistrature est postérieure à Lycurgue d'environ cent trente ans. Le roi Théopompe, jaloux de l'influence du sénat sur le peuple, imagina, pour en arrêter les suites fâcheuses, de créer une nouvelle magistrature, qu'on investirait de grands pouvoirs.

Création des Ephores.

Ces nouveaux magistrats, nommés tous les ans par le peuple, furent appelés Ephores. Ils étaient cinq. Ils devinrent les juges des sénateurs et des rois. Ils pouvaient casser les sénateurs et condamner les rois à l'amende ; ils pouvaient même les faire arrêter. De pareils magistrats seraient devenus sans doute bien dangereux, si l'or eût été connu dans Sparte.

CHAPITRE III.

Athènes et lois de Solon.

D. Faites-nous connaître l'Attique ?

R. L'Attique était une contrée de la Grèce extrêmement stérile ; l'olivier était presque sa seule ressource. Elle était divisée d'abord en douze bourgades indépendantes. Mais Thésée les réunit en un corps de peuple vers le temps de la guerre de Troie et forma une espèce de république, dont Athènes était la capitale.

D. Quelle était la forme du gouvernement des Athéniens ?

Gouvernement d'Athènes.

R. Athènes était gouvernée par des rois. Codrus fut le dernier. Il mourut vers l'an 1095 avant J.-C. Les Athéniens, jaloux de leur liberté, profitèrent d'une querelle qui s'éleva entre les deux fils de Codrus, pour s'affranchir de la royauté. Ils créèrent alors des magistrats qu'ils nommèrent Archontes.

Institution des Archontes.

Cette magistrature fut perpétuelle et héréditaire pendant plus de trois siècles ; après ce long temps, elle devint élective, et sa durée ne fut plus que de dix ans. Enfin on créa neuf Archontes au lieu d'un, et sa charge fut bornée à un an. A cette èpoque les factions s'élevaient et retombaient tour-à-tour, et la licence allait toujours croissant.

D. Que firent les Athéniens dans ces temps malheureux ?

R. Dracon, homme d'une vertu austère, avait l'estime générale. On le charge de faire des lois pour son pays. Il remplit mal cette importante commission. La rigueur de ses lois révolta, elles ne furent point exécutées. Il punissait de mort les fautes les plus légères, comme les plus noirs forfaits.

Lois de Dracon. Elles ne sont point exécutées.

Les mêmes désordres continuaient toujours. Les partis se multiplièrent, les uns voulaient telle forme de gouvernement, les autres une autre ; la patrie était menacée des plus grands dangers. C'est dans ces circonstances que Solon est choisi pour donner des lois à son pays. Il est élu Archonte d'un consentement unanime, et il travailla à la réforme des lois.

D. Quelle fut la réforme faite par Solon ?

R. Solon, également recommandable par ses lumières et par ses vertus, travailla un code de lois aussi parfait que les circonstances le lui permirent.

Réforme de Solon en l'année 594 avant J.-C.

Il cassa toutes les lois de Dracon, excepté celle contre les meurtriers. Le peuple eut le pouvoir suprême, et chaque citoyen avait le droit de suffrage. Les hautes magistratures étaient exercées par les citoyens de la première classe.

Le droit de suffrage, accordé à chaque citoyen, pouvait entraîner de grands inconvénients : le sage législateur, pour les faire disparaître ou du moins diminuer le nombre, créa un sénat composé de quatre cents membres. Il délibérait et donnait son avis; mais le peuple en rejetait les délibérations, ou leur donnait force de lois par son approbation.

Pour donner un nouveau frein au peuple, il rétablit l'Aréopage. Il lui rendit tout son lustre, et il le composa uniquement d'anciens Archontes. Malgré toutes ces précautions, le peuple resta maître du gouvernement. Aussi Solon convenait-il que ces lois n'étaient pas les meilleures possibles, mais les mieux accommodées aux mœurs actuelles des Athéniens. Il fit plusieurs lois particulières dont on vante la sagesse.

Fonctions du sénat.

D. Quelles étaient les fonctions propres au sénat et à l'aréopage?

R. Le sénat délibérait sur les affaires, mais son avis ne faisait point loi. Il était le conseil souverain de la nation, où on traitait toutes les affaires du gouvernement.

Celles de l'aréopage.

L'aréopage était chargé du soin de faire observer les lois, de l'inspection des mœurs, du jugement des causes criminelles. Ce tribunal connaissait aussi de toutes les affaires de la religion.

D. Qu'était l'ostracisme ?

R. L'ostracisme (1) était un bannissement de dix ans, sorte de punition imaginée à Athènes pour mettre un frein à l'ambition des citoyens; elle n'emportait aucune

---

(1) Ce mot vient du grec, et signifie *coquille* ; ceux qui donnaient leurs suffrages écrivaient le nom de l'accusé sur une coquille.

flétrissure. Le mérite et la valeur ont éprouvé trop souvent l'effet injuste de cette sorte d'exil.

D. Le gouvernement établi par Solon se soutint-il longtemps?

Courte durée de la forme du gouvernement institué par Solon.

R. Solon a donné ses lois vers l'an 594 avant J.-C. Mais la forme du gouvernement qu'il venait de créer finit presque avant lui. Le peuple volage et léger pour lequel il avait travaillé, demandait sans cesse de nouveaux changements. Il régnait plusieurs partis. Pisistrate, homme populaire, avait gagné la multitude; il n'était pas moins adroit qu'ambitieux. Pour réussir plus sûrement, il se fit lui-même une blessure; on le porte sur la place, et il accuse ses ennemis d'avoir attenté à ses jours. On lui donne une garde composée de cinquante hommes; il a soin d'en augmenter le nombre, et bientôt levant le masque, il s'empare de la citadelle et usurpe le pouvoir.

Pisistrate usurpe le pouvoir.

D. Pisistrate a-t-il conservé l'autorité?

R. Athènes était une ville extrêmement remuante et inquiète. Aussi l'usurpateur, contraint deux fois de céder à l'orage, se retire. Rappelé

3

plusieurs années après, il reprend l'autorité, et alors il n'éprouve plus de revers. Il s'attacha même les Athéniens par la douceur de son gouvernement, et il laissa en mourant le pouvoir à ses fils Hippias et Hipparque.

D. Donnez-nous une idée du gouvernement de ces deux princes ?

Hippias et Hipparque lui succèdent.

R. On ne peut dire s'ils gouvernèrent conjointement ou séparément. Ce qu'on peut assurer, c'est que la sagesse de leur conduite mérita des éloges. Ils protégèrent les lettres, et firent aimer leur autorité. Ils régnaient depuis treize ans, lorsqu'il s'éleva une conspiration formée par Harmodius et Aristogiton. Il paraît qu'Hipparque avait donné lieu à ce soulèvement par sa conduite peu mesurée à l'égard de la sœur d'Harmodius. Il périt de la main des conjurés.

Hipparque est assassiné.

Hippias resta seul, et punit de mort Aristogiton et Harmodius. Depuis cette époque tout lui faisait ombrage ; il devint cruel, sanguinaire, et se rendit odieux. Les Athéniens le chassèrent et se déclarèrent libres.

Hippias est renversé du trône peu de temps après.

D. Que se passa-t-il alors ?

R. Les Lacédémoniens avaient aidé les Athéniens à détrôner Hippias ; bientôt après ils forcent encore Clisthène, qui aspirait à la tyrannie, de se retirer ; mais ils favorisent Isagoras, autre ambitieux : ils veulent abolir le sénat, et confier le gouvernement aux seuls partisans d'Isagoras. Alors le peuple se soulève, chasse les Lacédémoniens et rappelle Clisthène. Celui-ci abandonne ses premiers projets, et rétablit la démocratie. C'est lui qui distribua le peuple d'Athènes en dix tribus.

Clisthène est exilé et rappelé presque aussitôt.

D. Les Lacédémoniens ne tentèrent-ils pas de rétablir Hippias ?

R. Les Lacédémoniens prirent effectivement les armes en faveur d'Hippias ; ils engagèrent même leurs alliés à se déclarer pour lui ; mais tous s'y refusèrent ; et leur entreprise échoua. Alors Hippias tourna ses vues du côté des Perses, et demanda leurs secours.

D. Voulez-vous bien nous dire en peu de mots ce qu'étaient Sparte et Athènes ?

R. Les mœurs des Spartiates étaient austères et rigides. Elevés

Comparaison de Sparte et d'Athènes.

dans les armes, ils ne respiraient que la guerre. La discipline était religieusement observée : l'obéissance était à Sparte une loi sacrée. L'esprit de pauvreté qui faisait la base de ce gouvernement, forma dans cette ville une multitude de héros.

Athènes, au contraire, était riche. Les arts, le commerce, le luxe fournissaient aux passions un trop funeste aliment. L'inconstance et la légèreté faisaient le caractère de ce peuple. Néanmoins les Athéniens étaient passionnés pour la gloire et pour les armes. La constitution de l'Etat faisait des habitants autant de soldats ; ils étaient naturellement braves et belliqueux. Beaucoup de grands hommes sont sortis de ce pays.

Nous verrons bientôt ces deux villes rivales en présence ; elles donneront un grand spectacle au monde, rempliront les annales de l'histoire de traits sublimes et héroïques.

CHAPITRE IV.

Expédition de Darius dans la Grèce.

Darius tente d'envahir la Grèce.

D. Quelle fut l'occasion de la guerre des Perses contre la Grèce ?

R. Athènes avait secouru les Ioniens attaqués par Darius, roi de Perse. Celui-ci pensait à s'en venger. Déjà il avait reçu Hippias chassé d'Athènes, et se proposait de lui faire rendre l'autorité.

Darius ne tarda point à soumettre l'Ionie. Sans perdre de temps, il envoya des hérauts demander la terre et l'eau à toutes les villes de la Grèce; (C'était la manière de se faire reconnaître maître d'un pays.) Athènes et Sparte firent saisir les hérauts ; l'un fut jeté dans un puits, et l'autre dans une fosse. L'indignation sans doute les emporta trop loin. Il faut toujours se défier des premiers mouvements. Souvent l'enthousiasme est sourd à la voix de la sagesse.

La plupart des autres villes avaient cédé à la crainte, et avaient fait ce que Darius demandait d'elles.

D. Comment cette guerre commença-t-elle, et quel en fut le résultat ?

Journée de Marathon, arrivée l'an 490 avant J.-C.

R. Darius, qui ne respirait que la vengeance, fond sur l'Attique, à la tête d'une armée de cent mille hommes. Darius la commandait et Hippias la conduisait dans les plaines de Marathon.

Les Athéniens arment en diligence ; ils réclament le secours des Spartiates, qui refusèrent de marcher tout de suite, sous prétexte qu'il ne leur était permis de se mettre en campagne qu'après la pleine lune. La seule ville de Platée vint au secours d'Athènes ; elle fournit mille hommes. L'armée des Athéniens n'était que de dix mille hommes, y compris même les esclaves.

Cette armée avait dix chefs. Le grand nombre voulait qu'on se renfermât dans la ville, et qu'on y attendît l'ennemi. Miltiade était d'un avis contraire, Aristide l'appuya ; enfin cet avis prévalut, et Athènes fut sauvée.

Les dix chefs commandaient chacun leur jour. Aristide, sentant les inconvénients de cet ordre de choses, céda, lorsqu'il fut de tour, le commandement à Miltiade. Les autres suivirent son exemple.

Miltiade marche à l'ennemi, dispose habilement sa petite troupe, profite de tous les avantages, et il remporte une victoire complète. Les Perses en déroute fuient vers la mer, et se réfugient sur leurs vaisseaux. Les Athéniens attaquent la flotte ennemie ; ils prennent sept vaisseaux. Cynégyre, frère d'Eschyle, en saisit un d'une main, on la lui coupe ; il le saisit de l'autre, on la lui coupe encore : il s'y attache avec les dents. De quoi n'est pas capable le courage qu'inspire l'amour de la liberté !

Trait remarquable de Cynégyre.

Les Spartiates n'arrivèrent que le lendemain de la bataille. Leur superstition pouvait être bien fatale sans doute à leur pays.

D. Quelle fut la récompense de Miltiade ?

R. La république fit faire un tableau de la bataille de Marathon où Miltiade était repésenté à la tête des dix chefs, exhortant les soldats en leur donnant l'exemple. Cette marque de considération était aux

Récompense de Miltiade.

yeux des Grecs la plus grande récompense : tant l'honneur a de pouvoir sur les âmes libres.

D. Comment finit Miltiade ?

Fin malheureuse de Miltiade.

R. Athènes admirait les talents de Miltiade; bientôt elle en fut effrayée. Elle redoutait un homme d'un aussi grand mérite, et elle pense à s'en défaire. On le charge de punir les peuples qui avaient favorisé les barbares. Il part avec une flotte de soixante et dix vaisseaux. Il subjugue plusieurs îles, mais il échoue devant Paros, dont il avait formé le siége. Il revint dangereusement blessé. Il est accusé de trahison, et condamné à mort. On eut bien de la peine à obtenir de faire commuer cette peine en une amende de cinquante talents. Ne pouvant la payer, il fut mis en prison où il mourut de ses blessures. Son fils Cimon ne put lui rendre les derniers devoirs, qu'après avoir, par le moyen de ses amis, satisfait à l'amende de son père.

CHAPITRE V.

Aristide et Thémistocle. La Grèce envahie par Xerxès.

D. Quels sont ceux qui, après la mort de Miltiade, eurent le plus d'influence dans le gouvernement ?

R. Aristide et Thémistocle eurent une très grande part aux affaires. Aristide était d'une vertu austère : sa probité irréprochable lui avait mérité le surnom de *Juste*. Il avait de grands talents, et tous ses vœux étaient pour la prospérité de la république.

Vertus d'Aristide.

Caractère de Thémistocle.

Thémistocle réunissait à de grands talents une ambition encore plus grande. Plein d'ardeur et de feu, les plus grands obstacles ne pouvaient arrêter son audace. Il était d'ailleurs peu délicat sur les moyens. On sent qu'il était difficile à ces deux grands hommes de s'accorder et de partager les mêmes vues.

Athènes était divisée entre ces deux hommes célèbres. Les principaux citoyens étaient pour Aristide ; Thémistocle avait gagné le peuple. Aristide ne tarda pas à être la victime des intrigues de son rival. Thémistocle vient à bout de le rendre suspect. On demande l'ostracisme contre Aristide. Il fut banni. On sait le mot de ce paysan qui, sans le connaître, le prie d'écrire lui-même le nom d'Aristide : « Je suis las de l'entendre appeler le Juste, lui dit-il. »

Aristide est condamné à l'ostracisme.

L'excellent homme, en se retirant, demanda aux Dieux de ne pas permettre que jamais Athènes ait sujet de le regretter. Quel homme méritait plus de l'être !

D. Que se passa-t-il en Perse à cette époque ?

R. Darius faisait d'immenses préparatifs pour une seconde expédition contre la Grèce. Darius meurt, mais Xerxès son fils adopte les projets du père, et les suit avec une fureur qui n'a pas d'exemple. Il s'avance avec une armée qui montait à plusieurs millions d'hommes. Athènes et Lacédémone se hâtèrent de faire la paix avec les Thespiens, les Platéens et les Eginères ; et ils furent les seuls peuples qui prirent part à cette guerre.

Cependant Xerxès s'avance ; déjà il est arrivé au détroit des Thermopyles. Léonidas, roi de Sparte, l'y attendait avec une armée de quatre mille hommes. Le roi de Perse le somme de rendre les armes. Le Lacédémonien lui répond : *viens les prendre*. Les Perses ont ordre de l'attaquer ; deux fois ils se présentent avec des forces nombreuses, et deux fois ils sont repoussés avec perte.

Léonidas aux Thermopyles.

L'ennemi découvre un sentier, par où il pénètre sur les hauteurs sans être aperçu. Léonidas se dévoue avec trois cents Spartiates ; il renvoie le reste de son armée, et court avec sa petite troupe au-devant de l'ennemi ; il en fait un grand carnage. Ecrasés par le nombre, ils meurent tous en héros, après aovir vendu chèrement leur vie. Un seul Spartiate échappa : Lacédémone le regarda comme un lâche déserteur; mais bientôt il répara sa faute dans la bataille de Platée.

Sparte fit mettre aux Thermopyles, quelque temps après, cette inscription admirable par sa simplicité : « Passant, vas dire à Lacédémone que nous sommes morts ici, pour obéir à ses lois. »

D. Quels événements suivirent le combat des Thermopyles ?

R. L'ennemi fond dans la Grèce comme un torrent dévastateur. Il met tout à feu et à sang. Athènes allait infailliblement périr. Thémistocle fait parler l'oracle, qui déclare qu'Athènes ne trouverait son salut que dans des murailles de bois. Le général Athénien dit que cet oracle ne peut s'entendre que des vaisseaux. En conséquence les femmes, les enfants, les vieillards furent transportés à Trézène ; et tout ce qui était capable de prendre les armes se réfugia sur la flotte. Quelques citoyens se renfermèrent dans la citadelle et s'y défendirent jusqu'à la mort.

Athènes est abandonnée par ses habitants.

CHAPITRE VI.

Les Perses vaincus partout et chassés de la Grèce.

D. Quelle fut la conduite de Thémistocle dans ces circonstances difficiles ?

R. La conduite de ce grand homme

est bien digne d'éloges. Eurybiade, dénué de mérite, commandait la flotte des Grecs. Elle était alors dans le détroit de Salamine. Eurybiade veut gagner le golfe de Corinthe; Thémistocle soutient qu'il croit imprudent de s'éloigner du détroit: il fait valoir son avis avec beaucoup de chaleur. Le Spartiate lève son bâton pour l'en frapper. « Frappe, dit l'athénien, mais écoute. » Ce mot pénètre Eurybiade de respect, et il se rend à l'avis de Thémistocle.

Trait remarquable de Thémistocle.

Le général athénien fait un autre trait non moins généreux. Il sent qu'Aristide pouvait être utile dans les circonstances présentes, et l'illustre exilé est rappelé.

D. Faites-nous connaître par quelle ruse Thémistocle décida la journée de Salamine?

Journée de Salamine. 480 avant J.-C.

R. Thémistocle fit parvenir secrètement à Xerxès que les Grecs allaient se retirer, et qu'il n'y avait pas de temps à perdre s'il voulait anéantir leur flotte. Le barbare donne dans le piége; il ordonne d'attaquer aussitôt. Thémistocle en est sur-le-champ informé; il fait les plus habiles dispositions; il donne tous les ordres, et Eurybiade parut ne conserver que le titre de général.

Themistocle fait des prodiges. Avec une flotte qui n'avait pas 400 voiles, il battit complètement celle des ennemis, composée de plus de 2,000. Une remarque qui ne doit point nous échapper, c'est que Artémise, reine d'Halicarnasse, combattit avec une valeur heroïque, tandis que le lâche Xerxès regardait le combat d'une hauteur. Il voit sa défaite, et s'enfuit honteusement. Il repassa précipitamment la mer, dans la crainte qu'on ne rompît le pont du Bosphore.

D. Quels furent les autres événements de cette guerre ?

R. Mardonius, chef de l'armée de terre des Perses, commandait trois cent mille hommes. Il essaya de diviser les Grecs ; il fit des offres aux Athéniens. Aristide, qui était alors archonte, lui répond avec une noble fierté, il défend toute proposition d'alliance avec les Perses.

Mardonius prend le parti d'attaquer à force ouverte. Les Athéniens se retirent comme la première fois à Salamine. L'armée des Grecs confédérés montait à soixante mille hommes. Pausanias, tuteur de Plistarque, roi de Sparte, commandait les Spartiates ; Aristide, les Athéniens. Le combat s'engage à Platée ; les Perses sont taillés en pièces, et Mardonius lui-même périt dans l'action.

Journée de Platée. 479 avant J.-C.

Le même jour la flotte des Grecs remporta à Mycale une victoire décisive.

D. Que devinrent alors les Perses ?

R. Les Perses, battus partout, furent obligés de se retirer honteusement dans leur pays ; toutes les villes de la Grèce secouèrent le joug et reprirent leur liberté. Xerxès méprisé, haï, finit par être assassiné au milieu de sa cour.

Les Perses abandonnent la Grèce.

On imagine bien les honneurs que la Grèce rendit aux généraux qui l'avaient si bien servie. Thémistocle fixa tous les regards aux jeux olympiques ; lorsqu'il parut, tous les Grecs se levèrent. Il avoua que ce jour fut le plus délicieux de sa vie. La gloire suffit aux héros. Avouons qu'il est bien rare de rencontrer les talents de Thémistocle et les vertus d'Aristide.

CHAPITRE VII.

Rivalité de Sparte et d'Athènes. Administration d'Aristide.

D. Sparte et Athènes vécurent-elles en paix longtemps ensemble?

Athènes et Sparte se brouillent.

R. Ces deux villes rivales brisèrent bientôt les liens qui les unissaient. Les Athéniens songeaient à relever les murs de leur ville ; les Spartiates s'y opposaient sous prétexte du bien public ; mais le véritable motif était qu'ils voyaient d'un œil jaloux la supériorité des Athéniens sur mer, et qu'ils craignaient qu'ils n'obtinssent le même ascendant sur terre. Thémistocle eut recours à la ruse pour vaincre ce nouvel obstacle.

D. Dites-nous comment Thémistocle s'y prit pour relever les murs de sa patrie?

Comme Thémistocle use de ruse pour relever les murs de sa patrie.

R. Il ouvre des négociations avec les Spartiates, et les amuse tant qu'il peut. Cependant on travaille avec ardeur aux murs d'Athènes. Les Lacédémoniens en sont informés, ils s'en plaignent amèrement.

Thémistocle nie tout : au reste il engage les Lacédémoniens à envoyer sur les lieux, pour vérifier le fait. De son côté il avertit secrètement les Athéniens de retenir les envoyés de Lacédémone, et de presser toujours plus vivement les travaux. Lorsqu'ils furent assez avancés pour n'avoir plus rien à craindre, alors il leva le masque, et prétendit n'avoir rien fait contre les lois de l'honneur. Ce procédé ulcéra le cœur des Lacédémoniens, et ils ne le pardonnèrent pas à la ville d'Athènes.

D. Quel fut le moyen qu'imagina Thémistocle pour obtenir sûrement aux Athéniens l'empire de la mer ?

R. Thémistocle cherchait tous les moyens de faire le bien de son pays. Souvent même il consultait plus son zèle que la vertu et l'honneur. Il dit un jour aux Athéniens qu'il avait conçu un projet de la plus haute importance ; mais qu'il voudrait en communiquer avec quelqu'un secrètement. On lui donna Aristide. Celui-ci improuva l'idée de Thémistocle.

Trait qui honore également Aristide et les Athéniens.

« Ce que propose Thémistocle, » dit-il aux Athéniens, est utile : » mais il est injuste. » Ce peuple, ami de la vertu, rejeta le projet d'une voix unanime. (Il s'agissait de brûler la flotte des alliés.) Il n'y a de vraiment utile que ce qui est honnête.

D. Comment les Lacédémoniens et les Grecs se partagèrent-ils le commandement sur mer ?

Pausanias, Aristide et Cimon se partagent la flotte des Grecs.

R. La Grèce avait équipé une flotte pour achever de chasser les Perses de l'Europe et de l'Asie mineure. Pausanias la commandait pour les Lacédémoniens. Aristide et Cimon pour les Athéniens. Les généraux d'Athènes se firent généralement estimer. Pausanias au contraire, par sa conduite arrogante et dure, encourut bientôt la haine universelle. Lacédémone défère le commandement à Athènes, et rappelle Pausanias. Il est suspecté d'intelligence avec les Perses ; convaincu de trahison, il se réfugie dans un temple. Les éphores ne veulent pas violer cet asile ; mais ils en font murer les portes, et Pausanias y meurt de faim.

Triste fin de Pausanias.

D. Que devint Thémistocle ?

Thémistocle cherche un asile dans les cours étrangères.

R. Thémistocle, victime d'une faction, avait été banni à Argos. On l'accusa de complicité dans la trahison de Pausanias. Il est obligé de sortir de la Grèce, et se retire en Perse où sa tête avait été mise à prix. On l'y reçut avec distinction, et le roi le combla de biens.

D. Quelle fut la conduite d'Aristide, à la tête du gouvernement ?

Gouvernement d'Aristide. Sa mort.

R. Nous avons déjà vu que Lacédémone avait déféré le commandement à la ville d'Athènes. Il était intéressant de mettre de l'ordre dans les finances. Aristide fut choisi pour régler cette partie difficile de l'administration : tous les suffrages se réunirent en sa faveur. Ce grand homme, aussi intègre qu'éclairé, s'acquitta de cette commission à la satisfaction générale. Il mourut si pauvre, que l'État fut obligé de faire les frais de ses funérailles, et de pourvoir à la subsistance de sa famille. Heureuse la patrie qui donne le jour à de pareils hommes !

CHAPITRE VIII.

Cimon augmente la gloire d'Athènes.

D. Voulez-vous bien nous faire connaître Cimon?

Cimon gouverne à Athènes. Ses succès

R. Cimon, fils de Miltiade, avait été élevé sous les yeux d'Aristide. Il le remplaça dans le gouvernement d'Athènes. L'élève se montra digne d'un si grand maître : à des vertus distinguées, il joignit de grands talents. Il sent qu'il fallait occuper au dehors l'esprit inquiet des Athéniens. Il les conduit contre les Perses ; il bat l'ennemi partout, le chasse des villes de la Thrace et de presque toute l'Asie mineure ; il défait leur flotte. Après cette victoire, il vole au-devant des Phéniciens, et coule à fond la plupart de leurs vaisseaux. Artaxercès à cette époque sollicite vivement Thémistocle, réfugié à sa cour, de prendre le commandement de ses armées pour s'opposer à Cimon. Thémistocle meurt. On prétend qu'il s'est empoisonné, ne voulant pas servir contre sa patrie,

Mort de Thémistocle.

désespéré d'ailleurs de manquer à un prince à qui il devait tant.

D. Que se passe-t-il l'année suivante entre Athènes et Lacédémone ?

R. Lacédémone éprouva un affreux tremblement de terre qui fit périr plus de vingt mille hommes. Les flottes profitent du désordre pour secouer le joug. Sparte demande des secours à Athènes. Cimon est chargé de cette commission : il soumet les révoltés. A quelque temps de là les rebelles menacent une seconde fois Lacédémone. Cimon, malgré le vœu d'un parti puissant qui s'élevait contre lui, vole au secours des Lacédémoniens. Ceux-ci renvoyèrent Cimon sous divers prétextes. Périclès, plein de talents et d'ambition, profita adroitement de cette rencontre pour perdre Cimon qui lui faisait ombrage. On s'en prend à l'illustre général de l'affront reçu par les Spartiates : il est puni par l'ostracisme.

Révolte des flottes.

Exil de Cimon.

D. Athènes ne déclara-t-elle point alors la guerre aux Lacédémoniens ?

R. Oui, et Cimon offrit ses services à sa patrie, mais ils furent rejetés. Cent de ses amis, soupçonnés comme lui de favoriser les Lacédémoniens, forment un corps séparé, et se firent tous tuer en combattant

457 avant J.-C. l'ennemi. Ils contribuèrent beaucoup à la victoire du Tanagre remportée sur les Spartiates.

D. Cimon ne fut-il pas rappelé de son exil?

Rappel de Cimon et ses nouveaux succès.

R. Athènes, menacée de nouveau par Artaxercès, craignant d'ailleurs une irruption de la part des Spartiates, sentit le besoin qu'elle avait des talents de Cimon. Périclès lui-même dressa le décret de son rappel. Cimon ne pense qu'à sauver sa patrie. Elle conclut d'abord une trève de cinq ans avec Sparte. Tranquille de ce côté, il va combattre avec deux cents vaisseaux la flotte des Perses composée de trois cents voiles; il leur en enlève cent, et en coule plusieurs à fond. Ensuite il défit, sur les côtes de la Cilicie, Mégabyse qui commandait une armée de trois cent mille hommes. Il se rendit si redoutable, qu'Artaxercès demanda enfin la paix, l'an 449 avant J.-C. Toutes les villes grecques de l'Asie mineure furent déclarées libres. Il fut également arrêté que les armées des Perses ne pourraient approcher des côtes, et que leurs vaisseaux de guerre n'entreraient point dans les mers depuis le Pont-Euxin jusques aux côtes de la Pamphilie.

Mort de Cimon.

Cimon mourut sur ces entrefaites; il avait ordonné qu'on cachât sa mort, et son nom reconduisit la flotte dans le port d'Athènes.

CHAPITRE IX.

Périclès gouverne Athènes.

D. Quel fut le caractère de Périclès, et quel fut son gouvernement?

Périclès gouverne. 444 avant J.-C.

R. Il était éloquent, adroit et faux; il avait sans doute de grands talents pour gouverner la république, mais il en avait encore plus pour séduire le peuple. Après la mort de Cimon il cessa de se contraindre; il sacrifia tout à son ambition. Il disposa des deniers de l'Etat, pour en faire des largesses au peuple. Il multiplia les jeux et les spectacles. Fort de la faveur du peuple, il avilit la magistrature, enleva à l'aréopage la connaissance des principales affaires, et bientôt toute l'autorité passa entre ses mains.

D. De quel œil les villes alliées voyaient-elles les profusions de Périclès ?

Plaintes des villes alliées contre Périclès.

R. Périclès ne pouvait embellir Athènes et l'orner de tant de monuments précieux, sans détruire les finances de la Grèce ; les villes alliées s'en plaignirent amèrement. Périclès n'opposa à ces plaintes que des prétextes spécieux. « Au reste, ajouta-t-il, pour appaiser les murmures, si vous trouvez que j'aie trop dissipé, je me charge de tous les dépens, mais à condition que je ne mettrai que mon nom à la dédicace des ouvrages. » Les Athéniens étaient trop vains pour souscrire à ces conditions ; aussi on l'engagea à prendre au trésor tout ce dont il aurait besoin. Il continua donc d'absorber les deniers publics en spectacles et en édifices, et il ne trouva plus d'obstacle.

D. Que fit encore Périclès pour mieux se maintenir ?

R. Thucydide, beau-frère de Cimon, était aimé. Il avait une grande réputation de prudence et de probité ; il maniait d'ailleurs habilement les esprits. On crut ne pouvoir mieux faire que de l'opposer à Périclès. Thucydide était soutenu par le parti de la noblesse. Périclès, devenu supérieur à toutes les factions, se défit de son rival par l'ostracisme. Alors il ménagea moins le peuple, et il fut roi, au titre près. Ses ennemis en sont indignés. On cherche les moyens de le perdre ; on commence par attaquer ses amis. Phidias est accusé d'avoir volé une partie de l'or qu'il devait employer à une statue de Minerve ; et malgré son innocence démontrée, il meurt dans les fers. La belle Aspasie, si distinguée par sa science et son génie, malgré son titre d'épouse de Périclès, est accusée d'impiété, et peu s'en fallut qu'elle ne succombât. Anaxagore venait de prouver par la raison l'existence de la Divinité ; il est cité comme impie, et il ne se sauve que par la fuite.

Bannissement de Thucydide.

Phidias, Aspasie, Anaxagore, sont mis en jugement.

Enfin Périclès est de nouveau taxé de dissiper les deniers publics. On porte un décret pour lui faire rendre ses comptes. Il songeait à les rendre, lorsque Alcibiade dit qu'il ferait mieux de songer à ne les rendre pas. Cette plaisanterie fut un conseil qu'il suivit. Pour faire diversion et se tirer d'embarras, il entame la guerre du Péloponèse.

CHAPITRE X.

Guerre du Péloponèse. Alcibiade.

D. Qu'est-ce qui donna occasion à la guerre du Péloponèse?

R. On peut imputer les torts de cette guerre aux Athéniens. Ils font le siége de Potidée, colonie de Corinthe. Les Corinthiens portent leurs plaintes à Sparte. On demande la levée du siége de Potidée. Périclès s'y opposa. Alors on prend les armes de toutes parts, et la guerre commence. Sparte, la Phocide, la Béotie, et presque tout le Péloponèse, forment une ligue redoutable contre Athènes. Cette ville n'a qu'une armée de quinze mille combattants à opposer à soixante mille hommes. Les forces de Lacédémone étaient sur la terre, et celles d'Athènes sur mer. Périclès

Sparte fait une ligue contre Athènes.

persuade aux Athéniens de se renfermer dans leurs murailles, et laisse ravager toute l'Attique par l'armée ennemie ; la flotte d'Athènes à son tour se venge sur le Péloponèse, où elle fait les plus grands dégâts.

D. Quelle fut la suite de cette guerre ?

R. Deux campagnes se passèrent ainsi entre les ennemis à s'entre-détruire et à se faire beaucoup de mal. Les Athéniens, renfermés dans leurs murs, souffraient impatiemment leur espèce de prison ; ils demandaient à être menés à l'ennemi, et Périclès eut bien de la peine à les contenir. Une contagion affreuse survint ; elle désolait la ville et la flotte. Le peuple murmure contre Périclès. On députe à Lacédémone pour demander la paix ; elle est rejetée. Les Athéniens au désespoir se déchaînent contre leur chef, et ne gardent plus de mesure ; on lui ôte l'administration, et il est condamné à une amende. Mais les choses loin d'aller mieux, empiraient tous les jours. On se repentit bientôt d'avoir éloigné Périclès, et on lui

Périclès est dépouillé du gouvernement, et bientôt après on l'invite à le reprendre.

Sa mort.

remit les rênes du gouvernement : mais il mourut de la peste quelques mois après.

D. La mort de Périclès ne produisit-elle pas des changements dans l'Etat ?

Alcibiade gouverne

R. Athènes et Sparte étaient toujours en guerre ; ces deux villes rivales s'affaiblissaient, et ne décidaient rien. Elles conclurent une trève de cinquante ans, qui dura tout au plus six mois. Cependant Alcibiade paraît ; tout flatte les Athéniens dans ce jeune homme, ses grands talents, son courage, ses manières affables, sa beauté. Il cachait une ambition qui devait bientôt rallumer les brandons de la guerre. Il ne lui suffit pas d'armer Athènes contre Sparte ; il entreprit la conquête de la Sicile, malgré les fortes raisons qu'opposa Nicias. Tout était prêt pour le départ, lorsque les statues de Minerve furent mutilées. Alcibiade est accusé, il demande à se défendre ; mais ses ennemis, pour mieux le perdre pendant son absence, firent surseoir le jugement, sous prétexte que le départ de la flotte pressait.

D. Que se passa-t-il à Athènes pendant l'absence d'Alcibiade ?

R. La cabale de ses ennemis le poursuivit avec acharnement. Alcibiade était à peine arrivé en Sicile, qu'il reçoit l'ordre de se rendre à Athènes, pour répondre à l'accusation intentée contre lui. Il vient à bout de s'échapper, et il se retire à Sparte. Ses concitoyens le condamnent à mort par contumace. Alcibiade apprenant cette nouvelle, s'écrie : « Je leur ferai bien voir que je vis encore. »

Alcibiade se réfugie à Sparte.

Cependant les Athéniens échouent dans leurs entreprises contre la Sicile ; ils veulent lever le siége de Syracuse, et se retirer chez eux ; mais une éclipse de lune survenue les effraya, et leur départ fut différé, ce qui donna le temps aux Syracusains de tout disposer pour le combat. Les Athéniens sont battus sur terre et sur mer, et leurs généraux faits prisonniers.

CHAPITRE XI.

Suite de la guerre du Péloponèse. Reddition d'Athènes.

D. Comment Athènes reçut-t-elle la nouvelle de ses revers ?

R. La consternation y fut générale et profonde. Les dangers étaient d'autant plus grands, que presque tous ses alliés devinrent ses ennemis par les intrigues et le manége d'Alcibiade. Heureusement pour Athènes un parti puissant à Sparte vint à bout de renverser Alcibiade, et de le perdre dans l'esprit du peuple. On donne des ordres dans son absence de le mettre à mort. Alcibiade se retire à Sardes, auprès de Tissapherne qui en était satrape ou gouverneur, dont il ne tarda pas à gagner les bonnes grâces.

Alcibiade est obligé de se retirer à Sardes.

D. Dites-nous quelle fut alors la conduite d'Alcibiade ?

R. Il conçoit le projet de retourner dans sa patrie. Athènes était déchirée par les factions, et d'ailleurs entourée d'ennemis puissants. Il promet aux Athéniens l'alliance de

Tissapherne. Cependant on abolit la démocratie, l'administration est confiée à quatre cents citoyens, à qui on donna un pouvoir absolu. A cette nouvelle, l'armée qui était à Samos se soulève, rappelle Alcibiade, et l'invite à prendre le commandement. Elle veut marcher contre les tyrans. Mais le nouveau général eut la sagesse de tourner d'abord ses armes contre les Spartiates et leurs alliés; il reprend sur eux l'empire des mers, et se couvre de gloire. Athènes s'empresse de le rappeler, et en chasse les 400 tyrans. Alcibiade est reçu aux acclamations de tout le peuple, et il devint l'idole de ses concitoyens. Il est nommé général de la République sur terre et sur mer, avec un pouvoir illimité.

Rappel d'Alcibiade.

D. Alcibiade jouit-il longtemps de son autorité?

R. Sparte, réduite aux dernières extrémités, demandait à faire sa paix. Athènes, enflée de ses succès, s'y refusa, et devint par-là la première cause des nouveaux malheurs qui vont l'accabler. Lysandre commandait la flotte de Sparte; il se rend à la cour des Perses, pour y demander des secours. Il en obtint de l'argent dont il se sert habilement pour augmenter la paie des matelots. Bientôt une partie de ceux d'Athènes passa sur la flotte des Spartiates. Alcibiade était allé en Ionie chercher des fonds pour payer ses soldats, et avait laissé le commandement à Antiochus. Lysandre profita de l'absence du général athénien, pour présenter le combat à Antiochus, qui l'accepta malgré la défense d'Alcibiade. La défaite fut complète du côté des Athéniens. Des plaintes furent portées à Athènes contre Alcibiade : ce peuple léger, toujours extrême dans ses décisions, le déposa sans l'entendre, et lui substitua dix généraux. Il se retira dans la Chersonèse de Thrace.

Alcibiade est déposé.

D. Exposez-nous la suite de cette guerre ?

Lysandre est destitué.

R. A quelque temps de là, les Lacédémoniens révoquèrent Lysandre, et donnèrent le commandement de leur flotte à Callicratidas, homme vertueux et grand capitaine. Il remporta d'abord plusieurs avantages. Il bloquait dans Mitylène

Conon, un des généraux d'Athènes, lorsqu'une nouvelle flotte des Athéniens parut vers les îles Arginuses. Quoique bien inférieur en nombre, Callicratidas croyait honteux d'éviter le combat. Il l'engagea. Il fut tué, et sa mort entraîna la déroute de son armée.

D. Quelle fut, après cette victoire, la conduite d'Athènes envers ses généraux ?

R. Une tempête survenue immédiatement après le combat ne permit pas aux généraux Athéniens d'enlever les morts, et de leur donner la sépulture. Le peuple, presque toujours aveugle et injuste, leur en fit un crime. Six généraux furent accusés, condamnés et exécutés. Excès atroce, dont les Athéniens ne tardèrent pas à voir toute l'horreur qu'il méritait. Voilà le peuple : il passe presque avec la même rapidité du crime au repentir, et du repentir au crime.

D. Que fit Sparte après le désastre des Arginuses ?

R. Les alliés avaient la plus grande confiance dans Lysandre ; ils sollicitent vivement son rappel :

Sparte lui rend l'autorité, il met bientôt en œuvre ses grands talents. Il attaque les Athéniens sur l'Hellespont, se rend maître de leur flotte, et taille leur armée en pièces. Après cette victoire, il vole assiéger Athènes par mer, pendant qu'Agis et Pausanias, les deux rois de Sparte, l'assiégeaient par terre. Après un siége de six mois, forcée à se rendre, elle capitula, et consentit à démolir les fortifications du Pirée, à n'avoir que douze vaisseaux, et à ne faire désormais la guerre que sous les ordres des Lacédémoniens. Ainsi finit la guerre du Péloponèse qui dura vingt-sept ans, et qui fut si fatale à toute la Grèce.

Lysandre est rappelé.

Reddition d'Athènes, et fin de la guerre du Péloponèse.

CHAPITRE XII.

Corruption de Sparte. Délivrance d'Athènes. Procès de Socrate.

D. Que se passa-t-il après la victoire de Lysandre ?

R. Ce chef, plein d'ambition, introduisit l'or et l'argent dans Sparte, et par-là corrompit les mœurs de son pays, changea le gouvernement

Lysandre change le gouvernement d'Athènes.

des pays vaincus, et plaça partout des magistrats qui lui étaient dévoués. Il créa trente archontes à Athènes, qui firent gémir le peuple sous la plus cruelle oppression. Les emprisonnements, les meurtres se multipliaient chaque jour. Il périt plus de citoyens en six mois qu'en trente ans de guerre. Le peuple comprimé n'osait laisser échapper une plainte. Socrate seul élevait la voix et était libre encore.

Alcibiade dans son exil conçut le projet de délivrer sa patrie. Dans cette vue il partit pour la cour de Perse ; mais les Spartiates, avertis de ce voyage, envoyèrent après lui et le firent assassiner. L'homme de bien repousse avec indignation l'idée d'un trait aussi lâche et aussi infâme.

Mort d'Alcibiade.

D. Racontez-nous la conduite généreuse de Thrasybule ?

R. Thrasybule éleva le courage des principaux citoyens d'Athènes ; il les décida à le suivre ; ils sortent d'Athènes sous sa conduite. Thèbes et Mégare furent les seules villes qui consentirent à les recevoir. Lysias de Syracuse leur envoya 500

Thrasybule chasse les tyrans d'Athènes.

hommes. Thrasybule à leur tête se présente devant Athènes, et chasse les tyrans. Sparte tenta inutilement de les rétablir. La modération de Thrasybule dans ces circonstances le couvre de gloire. Il fit publier une amnistie, et tout le passé fut oublié.

D. N'est-ce pas à cette époque que les Athéniens se déshonorèrent par la mort de Socrate?

Procès de Socrate.

R. Ce peuple léger, et presque toujours extrême, se couvrit de honte par le procès de Socrate. Cet homme de bien, dont toutes les actions prêchaient la vertu, encore plus que les paroles, était l'ami de tous les hommes vertueux; guerrier plein de valeur, intégre dans sa conduite domestique, il se dévouait à l'instruction de la jeunesse. Philosophe religieux, soumis en tout à la religion de son pays, il donnait à ses disciples des idées sublimes de la divinité, bien propres sans doute à répandre de la défaveur sur les fables ridicules de la mythologie. Il avait voué toute sa haine aux sophistes, espèce d'hommes fourbes et vains, qui tenaient école ouverte d'orgueil et de mensonge. Bientôt la perte de ce grand homme fut arrêtée par ses ennemis, et ils ne tardèrent pas à consommer cette œuvre impie.

D. Quel fut le prétexte des ennemis de Socrate, pour le perdre ?

R. Déjà le comédien Aristophane avait joué Socrate sur le théâtre, dans sa pièce des *Nuées*. Le grand homme s'y trouvait. « Je m'imagine, » dit-il, être à un festin, où j'amuse » tout le monde. » Ses ennemis ne cessèrent de remuer contre lui. Deux hommes infâmes, Anytus et Mélitus, se mirent à leur tête. Mélitus se porta pour accusateur ; il l'accusa de corrompre la jeunesse et de ne pas reconnaître les Dieux. Il suffit à Socrate, pour se justifier, de faire le simple exposé de sa conduite. Il n'en fut pas moins condamné. Au lieu de la mort, il pouvait payer une amende ; ses amis l'y engageaient, et offraient de la payer. Il les refusa. On le condamne à boire la ciguë ; c'était la peine de mort de ce temps-là. Cette sentence fut prononcée par le peuple peu de temps après l'ex-

Socrate condamné à boire la ciguë.

pulsion de trente tyrans qui l'avaient épargné, quoiqu'il s'était déclaré ouvertement contre eux.

Socrate pouvait se sauver de la prison ; mais il ne le voulut pas par respect pour les lois. Le jour de sa mort, il s'entretint avec ses amis sur l'immortalité de l'âme. Toute sa vie avait été celle d'un philosophe vertueux ; ses derniers moments furent ceux d'un héros.

Après la mort de ce grand homme, le peuple reconnut son crime. Il honora la mémoire de Socrate, et punit sévèrement ses accusateurs.

D. Donnez-nous une idée de la retraite des dix mille ?

R. Les Grecs avaient donné du secours au jeune Cyrus, qui cherchait à détrôner Artaxerce-Mnémon. Artaxerce paraît à la tête d'une armée innombrable. Le combat s'engage. Cyrus y perd la vie, et dix mille Grecs firent une retraite aussi hardie dans le projet, qu'étonnante dans l'exécution ; ils marchèrent ainsi les armes à la main, sans cesse attaqués, et toujours victorieux, pendant l'espace de cinq à six cents lieues.

Retraite des dix mille.

CHAPITRE XIII.

Agésilas en Asie. Traité honteux avec les Perses. République de Thèbes.

D. De quel œil les Grecs virent-ils la retraite des dix mille ?

R. Elle les remplit d'enthousiasme, et leur fit concevoir les plus hautes espérances. Les colonies des Grecs en Asie étaient menacées par les Perses. On décide de voler à leur secours. Agésilas, roi de Sparte, est chargé du commandement. Il sembla comme enchaîner la victoire les deux premières campagnes. Il vola de succès en succès, et il remplit l'Asie de la terreur de ses armes. Déjà le héros de Sparte méditait de porter la guerre jusque dans la haute Asie.

Succès d'Agésilas

D. Que se passa-t-il alors dans la Grèce ?

R. Les intrigues et l'or de la Perse remuaient toute la Grèce ; ils firent une cruelle diversion. Timocrate, de Rhodes, parcourut la plupart des villes grecques, et en souleva un grand nombre contre Sparte. Argos, Thèbes, Corinthe, Athènes furent des premières à se déclarer. Cependant les Lacédémoniens ôtent le commandement à Agésilas. Ils lèvent deux armées, commandées l'une par Lysandre, et l'autre par Pausanias. Lysandre engage un combat près d'Haliarte; il y perd la vie. Pausanias revint à Sparte sans oser engager une seconde action. Il est cité pour rendre compte de sa conduite : on le condamne à mort. Il se retira à Tégée, où il mourut l'année suivante.

Ligue contre Sparte.

Mort de Lysandre et de Pausanias.

Sur ces entrefaites Conon, qui commandait la flotte Perse, défit celle de Sparte près de Gnide, ville de Carie. Ce dernier revers enleva aux Lacédémoniens tout espoir de se relever. Néanmoins ils rappelèrent Agésilas, pour l'opposer à leurs ennemis. Il livra en Béotie un combat où il obtint quelques succès.

D. Dites-nous comment Conon releva les murs d'Athènes ?

R. Conon après sa victoire navale ne perd point de temps; il se rend à Athènes, et en fait relever les murs. Les Perses avaient fourni les fonds nécessaires. Cependant la guerre continuait, et les avantages multipliés des Athéniens firent trembler Sparte. Cette ville orgueilleuse craignit que son ancienne rivale ne reprît bientôt la supériorité. Elle songea à faire la paix avec la Perse. Antalcidas fut chargé de cette négociation. Ses instructions renfermaient entre autres articles, qu'on abandonnerait au roi de Perse toutes les colonies asiatiques. Artaxerce accepta les propositions de Sparte. Toute la Grèce fut obligée d'accéder à ce traité honteux.

Conon relève les murs d'Athènes.

Paix d'Antalcidas.

D. Quelle fut alors la conduite de Sparte?

R. Olynthe, ville de Thrace, continuait d'étendre ses conquêtes, loin de renoncer à celles qu'elle avait faites. Les Spartiates saisirent ce prétexte pour lui déclarer la guerre. Deux armées partirent sur-le-champ. Phébidas, un des généraux, campa en chemin près de Thèbes, partagée alors entre deux factions. Léontide, chef de l'un des

Les Spartiates se rendent maîtres de Thèbes par trahison.

deux partis, l'invite à se rendre maître de la citadelle. Elle est forcée à l'instant. Isménie, rival de Léontide, est mis à mort. Plus de quatre cents citoyens de son parti sortent de la ville. Epaminondas resta. Sa pauvreté et son éloignement des affaires le mettaient à l'abri de tout soupçon. Il vaquait uniquement à l'étude de la philosophie.

D. La ville de Thèbes resta-t-elle longtemps sous le joug?

Pélopidas rend la liberté aux Thébains.

R. Ceux qui étaient sortis de Thèbes s'étaient réfugiés à Athènes. Sparte ordonna aux Athéniens de les chasser ; ils n'obéirent pas. Pélopidas médita le projet de rendre la liberté à sa patrie. Il se concerta avec les autres fugitifs, et informa de tout ses amis qui étaient restés à Thèbes. On combine de part et d'autre les mesures à prendre.

A un jour marqué, douze des conjurés, à la tête desquels était Pélopidas, entrèrent dans Thèbes sur le déclin du jour. Ce même jour Philidas, conjuré, avait rassemblé chez lui les principaux chefs de la tyrannie : il leur donnait un grand souper. Les conjurés y entrent, et tous les magistrats tyrans sont égorgés.

Tous les bannis sont aussitôt rappelés. Epaminondas paraît à la tête des plus braves de la ville. Le peuple se déclare en faveur de la liberté. On assiége la citadelle, et les Spartiates sont obligés de se rendre.

D. Les Athéniens n'abandonnèrent-ils pas la ville de Thèbes ?

R. Ce peuple, toujours léger, se repentit bientôt d'avoir donné du secours aux Thébains : craignant la puissance de Sparte, il fit revenir ses troupes, et déclara qu'il ne prendrait plus aucune part à cette guerre. Mais Pélopidas vint à bout, par des voies secrètes, de faire persuader au général de Sparte de s'emparer du Pirée. Cette attaque imprévue fit sentir aux Athéniens le besoin de renouer leur alliance avec Thèbes. Athènes équipa une flotte, dont Timothée, fils de Conon, eut le commandement.

Cependant la Grèce était lasse de la guerre. On ouvrit des conférences à Sparte pour la paix.

Epaminondas y montra un caractère fier et noble ; il soutint généreusement les droits de son pays. Agésilas irrité entraîna les autres villes de la Grèce, et leur fit signer un traité de paix, dont il avait effacé le nom des Thébains.

CHAPITRE XIV.

Succès des Thébains jusqu'à la mort d'Épaminondas.

D. Quelles furent les mesures de Thèbes dans ces circonstances critiques ?

R. Seule contre toute la Grèce, son courage et deux grands hommes, Épaminondas et Pélopidas, lui suffirent pour se défendre contre tous les dangers qui semblaient devoir la perdre sans ressource.

Combat de Leuctres, Épaminondas vainqueur. 371 av. J.-C.

Épaminondas commandait les armées. Pélopidas était à la tête du bataillon sacré, composé de trois cents jeunes guerriers qui s'engageaient par serment à se défendre jusqu'à la mort. Épaminondas n'avait que six mille hommes à opposer à une armée de vingt-quatre mille combattants commandés par

Cléombrote, roi de Sparte. Tout paraissait annoncer la perte prochaine de Thèbes. Les augures mèmes lui étaient contraires. On le dit au général ; il répond par ce vers d'Homère : *combattre pour sa patrie est le seul bon augure*. Cependant il en imagina de favorables, et en fait répandre le bruit. Son armée ainsi rassurée, il la conduit à l'ennemi qu'il joignit à Leuctres, et le défit complètement.

Cléombrote fut tué dans l'action ; Thèbes ne perdit que trois cents hommes, et ses ennemis en laissèrent quatre mille sur la place.

D. Que devint Sparte après ce revers inattendu ?

R. Epaminondas et Pélopidas portèrent la guerre dans le Péloponèse. Lacédémone n'avait plus d'armée pour contenir de si terribles ennemis La loi proscrivait les citoyens qui fuyaient devant l'ennemi, et tous avaient fui. Agésilas imagina de laisser dormir les lois pendant un jour.

Cependant Epaminondas ravage la Laconie, et pour la première fois Sparte voit l'ennemi à ses portes.

Agésilas est forcé d'abandonner la campagne ; il se renferma dans la ville pour la défendre. Épaminondas fit des tentatives inutiles pour y entrer ; mais, avant de se retirer, il bâtit Mégalopolis, où il rassembla les Arcadiens, ennemis jurés des Spartiates. Il rétablit aussi Messène, et il en affranchit les habitants depuis longtemps opprimés par la ville de Sparte. Il rentra enfin dans ses foyers, tout couvert de gloire.

D. Épaminondas ne fut-il pas sur le point d'être condamné à mort ?

Épaminondas et Pélopidas sont sur le point d'être condamnés à mort.

R. Epaminondas et Pélopidas, pour exécuter des projets aussi utiles à leur pays, avaient conservé le commandement quatre mois au-delà du terme prescrit par la loi. Ils allaient être condamnés à mort, lorsque Epaminondas demanda, au lieu de se défendre, qu'on mît sur son tombeau qu'il avait perdu la vie pour avoir sauvé l'État. Le peuple eut honte de sa démarche, et se hâta de les absoudre.

D. Sparte ne se ligua-t-elle pas contre les Thébains avec plusieurs villes de la Grèce ?

R. Oui, mais sans aucun succès.

Elle députa même au roi de Perse pour le faire entrer dans la confédération. Pélopidas, envoyé de son côté à la cour d'Artaxerce, fit tout échouer.

A quelques pas de-là Alexandre, tyran de Phères en Thessalie, avait pris les armes; Pélopidas marche contre lui et le soumet. Peu après, revêtu du titre d'ambassadeur, il est fait prisonnier contre le droit des gens par le même Alexandre. Epaminondas le délivre. Impatient de se venger, Pélopidas, à la tête de sept mille hommes, vole au secours des Thessaliens contre Alexandre; il le joignit à Cynoscéphales, et le vainquit. Mais s'étant imprudemment exposé, il fut tué dans l'action.

Pélopidas vainqueur est tué dans l'action.

D. Ne s'éleva-t-il pas une nouvelle guerre entre Thèbes et Sparte ?

R. La division régnait entre les Tégéens et les Mantinéens. Thèbes se déclara pour Tégée, et Mantinée fut soutenue par les Spartiates et les Athéniens. Epaminondas, informé qu'Agésilas avançait vers Mantinée, vole à Sparte dans l'espoir de surprendre cette ville. Mais les Lacédémoniens, avertis à temps,

Victoire de Mantinée; mort d'Epaminondas.

viennent au secours de leur pays, et forcent le général thébain à se retirer. Celui-ci, jaloux de réparer cet affront, se hâte de rejoindre l'ennemi à Mantinée, et remporta une victoire qui termina ses jours et la gloire de Thèbes. Il mourut des blessures qu'il y avait reçues; et la puissance de cette république s'évanouit avec lui.

Epaminondas était un homme d'État distingué, un citoyen vertueux; et peut-être le plus grand capitaine que la Grèce ait produit.

D. Qu'arriva-t-il après la bataille de Mantinée ?

R. La journée de ce nom avait humilié Athènes et Sparte. Thèbes était tombée dans le néant. Les Grecs fatigués de leurs longues dissensions font la paix. Le traité de paix assurait l'indépendance aux Messéniens : les Spartiates s'en offensèrent, et s'en prirent à Artaxerce qui en avait été le médiateur. Ce prince avait attaqué Tachos, qui régnait en Egypte. Les Spartiates envoyèrent un corps de troupes au secours de Tachos. Agésilas le conduisit lui-même, et il

Agésilas en Egypte. Sa mort.

mourut en revenant d'une expédition aussi peu glorieuse que peu utile. 361 avant J.-C.

La Grèce alors, comme anéantie, vit sans gloire. Elle n'offre au burin de l'histoire rien d'intéressant jusqu'au règne de Philippe de Macédoine.

CHAPITRE XV.

Commencement du règne de Philippe, roi de Macédoine.

D. Comment Philippe parvint-il au trône de Macédoine ?

Philippe règne en Macédoine.

R. Philippe descendait des Héraclides par Caranus, fondateur du royaume de Macédoine. Il avait été emmené à Thèbes, comme ôtage, et fut élevé dans la maison de Polymnis, père d'Epaminondas. A cette école il acquit des talents ; mais les vertus ne trouvèrent pas un accès aussi facile dans son âme.

Perdiccas, roi de Macédoine, étant venu à mourir, ne laissait qu'un fils encore enfant. Philippe, âgé de vingt-quatre ans, s'échappa de Thèbes, et s'empara du gouvernement de son pays. La Macédoine, 360 avant J.-C.

avant Philippe, avait souvent été tributaire des républiques de la Grèce. Ce prince non seulement arrachera sa patrie à ce joug honteux, mais il ne tardera pas même à soumettre tout ce beau pays à ses lois.

D. Peignez-nous en peu de mots le caractère de Philippe?

Caractère de Philippe.

R. Ce prince était un assemblage de vices et de vertus. Beaucoup de valeur, une politique profonde, de vastes connaissances dans la science militaire, sont des talents qu'on ne saurait lui contester. Il sut former des soldats, il sut les conduire, il sut gagner leur amour. Ce fut lui qui créa la phalange (1) macédonienne, corps de troupe célèbre dans l'histoire.

Il avait une ambition démesurée. Tous les moyens lui étaient bons, pourvu qu'ils le conduisissent à son but. Perfide, intempérant, crapuleux, il n'avait pour amis que des

---

(1) La phalange était un corps de seize mille hommes, placé au centre de l'armée. Les soldats étaient rangés cent de front sur seize de profondeur, tous armés de piques de plus de vingt pieds de longueur, dont les dernières débordaient celles de la première ligne, et présentaient un front impénétrable et terrible.

flatteurs, des comédiens et des courtisans sans mœurs.

Voici néanmoins deux traits qui prouvent qu'il savait quelquefois goûter la vérité. Un jour, au sortir d'un repas, ayant condamné une femme qui lui demandait justice : *J'en appelle*, dit-elle. *A qui*, reprit le roi ? *A Philippe à jeûn.* Il ne s'en offensa point, et réforma son jugement.

Une autre fois il tardait à rendre justice à une autre femme. *Si vous n'avez pas le temps de me rendre justice*, dit-elle, *cessez donc d'être roi.* Il entendit ce reproche sans se fâcher.

D. Quels furent les premiers exploits de Philippe ?

Entreprise de Philippe.

R. Il commença par se faire des créatures dans toutes les républiques. Eschine, orateur d'Athènes, lui était entièrement vendu. Il s'empara d'Amphipolis, colonie athénienne, sous promesse de remettre cette ville aux Athéniens ; mais il sut éluder sa promesse. Bientôt après il soumit Pydna, Potidée et Crénides. Les Athéniens commencent à ouvrir les yeux.

Philippe assiége Olynthe ; Athènes envoie des secours, mais des traîtres livrent la ville au roi de Macédoine.

D. Démosthène ne fut-il pas un obstacle aux entreprises de Philippe ?

Démosthène s'oppose aux vues ambitieuses de Philippe.

R. Démosthène (1), orateur célèbre, ne cessa de tonner contre les projets ennemis de l'ambitieux Macédonien. Il tira les Athéniens de leur assoupissement. Ils prennent les armes, et ils défendent courageusement le passage des Thermopyles : Philippe n'osa tenter de le forcer. Il se retira, et parut ne vouloir plus rien entreprendre contre Athènes. Néanmoins il ne perdit point de vue son système de domination et d'envahissement.

---

(1) Aucun orateur ne porta l'éloquence à un si haut degré de gloire. Il était bègue, et la nature ne lui avait donné qu'une voix faible et aigre. Il surmonta toutes les difficultés. Il s'enferma dans un souterrain, où il s'exerça sans relâche pendant des mois entiers. Il allait souvent déclamer sur les bords de la mer, pour s'accoutumer au bruit des assemblées ; quelquefois aussi il déclamait en marchant, en grimpant, avec de petits cailloux dans la bouche, pour se délier la langue. Enfin il n'épargna rien pour forcer la nature. Aussi devint-il un des plus grands orateurs connus.

D. Dites-nous comment la guerre dite *sacrée* favorisa les projets de Philippe ? Guerre sacrée.

R. Il est bon d'abord de dire un mot de cette guerre. Depuis dix ans la Grèce était en proie aux fureurs de cette guerre qu'on appelle *sacrée*. La religion en fut le prétexte. Les Phocéens s'étaient emparés du temple de Delphes, et en avaient pillé les trésors. Les Amphictyons levèrent des troupes. Il fallut venger Apollon. On défendit de cultiver les terres consacrées à ce Dieu. Au mépris de la loi, les Phocéens osèrent labourer et ensemencer une partie de ces terres. Le tribunal des Amphictyons prononça une amende. Les Phocéens arment, Sparte et Athènes se déclarent en leur faveur, tandis que les Thébains et les Thessaliens combattent pour Apollon.

Philippe voyait avec plaisir les Grecs consumer leurs forces ; il parut d'abord ne prendre aucune part à cette guerre ; il attendait le moment favorable. Les Thébains lui demandent du secours, il se déclare. Ses troupes, réunies aux Thessaliens et aux Thébains, forcent les Thermopyles. Philippe ne trouve plus nulle part de résistance. Les Phocéens sont punis, et la guerre sacrée, ainsi terminée, couvrit de gloire le roi de Macédoine. La Grèce, dont il devint l'arbitre, le regarda comme un sauveur. Il est même agrégé au corps des Amphictyons.

CHAPITRE XVI.

Fin du règne de Philippe. Phocion opposé à Démosthène.

D. Comment se conduisit Philippe après ses premiers succès ?

R. Il joua le prince modéré et religieux. Après avoir pacifié la Grèce, il se retira dans ses États. Cependant il ne cessa d'observer la conduite des Grecs. Il fait de nouvelles conquêtes autour de lui. Enfin il veut s'emparer de l'île d'Eubée. Alors parurent les fameuses philippiques de Démosthène, et l'éloquence foudroyante de l'orateur arma les Athéniens.

Phocion, homme d'État et grand capitaine

Athènes charge Phocion de passer en Eubée. C'était un grand capitaine, également distingué par ses talents et par ses vertus. Il vainquit les rebelles que Philippe avait gagnés, et soumit toute l'île, et le Macédonien eut la prudence de se retirer. Mais il suscita une nouvelle guerre sacrée, et il parvint à se faire nommer général de l'armée par les Amphictyons; il tombe tout-à-coup sur Elatée, capitale de la Phocide, et s'ouvre par-là le chemin d'Athènes.

D. Comment Athènes apprécia-t-elle les démarches de Philippe?

R. Les Athéniens commencèrent enfin à croire aux vues ennemies du roi de Macédoine. Démosthène ne cessa de tonner contre les menées perfides de ce prince. Athènes fait entrer les Thébains dans ses intérêts, et se ligue avec eux contre Philippe. Celui-ci, toujours fidèle à ses principes de dissimulation, feignit de vouloir la paix, et fit des propositions. Les Athéniens entraînés par Démosthène rejetèrent ses propositions, et résolurent la guerre contre l'avis de Phocion. Les oracles avaient parlé en faveur du Macédonien. Démosthène rassura les Athéniens, disant que la Pythie *Philippisait.*

Journée de Chéronée.

On prend donc les armes, le combat se donne près de Chéronée, et Philippe y remporta une victoire décisive. Phocion ne commandait pas l'armée.

Démosthène fut des premiers à fuir. En fuyant, son habit s'accroche à un buisson, il se croit arrêté par un ennemi, et presque à demi-mort de frayeur, il le supplie de lui donner la vie.

D. Quelle fut la politique adroite de Philippe après le combat de Chéronée ?

R. Il renvoya sans rançon les Athéniens qu'il avait faits prisonniers et fit sa paix avec la république. Il accorda également la paix aux Thébains, mais il mit garnison dans leur ville ; il rappela les exilés, et leur donna les magistratures.

Toute la Grèce se soumet; maître des esprits, il conçoit le projet d'aller attaquer les Perses. Il décide les Grecs à partager avec lui l'honneur de cette expédition, et il se fit nommer leur généralissime.

Philippe est assassiné.

Philippe avait déjà fait partir pour l'Asie mineure Attale et Parménion, et il continuait ses préparatifs, lorsqu'il fut assassiné par Pausanias, jeune seigneur, qui avait à s'en plaindre.

Philippe laissa un fils ; c'est le fameux Alexandre, élève d'Aristote, le plus grand philosophe de son siècle. 336 avant J.-C.

CHAPITRE XVII.

Règne d'Alexandre jusqu'à la bataille d'Arbelles.

D. Quels furent les sentiments des Athéniens sur la mort de Philippe ?

Conduite de Démosthène à la mort de Philippe.

R. Athènes montra une joie indécente ; Démosthène parut en public, couronné de fleurs. On rendit des actions de grâces aux Dieux, et on décerna une couronne à l'assassin Pausanias. Démosthène n'eut pas de peine à engager plusieurs villes à former une ligue contre Alexandre ; il parlait de ce prince comme d'un enfant dont on n'avait rien à craindre. Nous allons bientôt voir cet enfant faire tout trembler et donner des lois à la Grèce. Tous les peuples subjugués par Philippe parurent se soulever à la fois.

D. Quel parti Alexandre prit-il dans ces conjonctures ?

Conduite d'Alexandre.

R. Les Lacédémoniens effrayés l'engagent à la paix. Alexandre, qui sent ses forces, veut en imposer à ses ennemis par l'audace. Il ne leur laisse pas le temps de concerter leurs mesures. Il fond sur les Thraces, les Péoniens, les Illyriens et autres barbares, et les punit de leur révolte.

Vainqueur des barbares, il tombe sur les Grecs. Tout se soumet. Les Thébains osèrent seuls lui résister. Il les bat et les réduit en servitude. Thèbes fut rasée. Alexandre n'excepta que la maison des prêtres et celle de Pindare. Athènes tremblante lui envoya demander la paix ; Démosthène était de l'ambassade. Alexandre accueillit les envoyés d'Athènes, et pardonna.

D. La Grèce soumise, Alexandre ne donna-t-il pas l'essor à ses projets ambitieux ?

R. Son père avait conçu le projet de subjuguer l'empire des Perses ; il songe à l'exécuter. Dans cette vue, il convoque l'assemblée des Grecs à Corinthe, il gagne les députés par sa douceur, et il se fait nommer généralissime de toutes les forces de la Grèce.

L'empire des Perses menaçait ruine. Il était la proie de grands désordres, et les abus étaient à leur comble. Ce vaste pays offrait donc une facile conquête.

Alexandre subjugue l'empire des Perses.

Alexandre part avec trente mille hommes d'infanterie, cinq mille chevaux, soixante et dix talents, des vivres pour un mois; et il distribua tout le reste de ses revenus à ses officiers. « Et que réservez-» vous donc pour vous, lui dit l'un » de ses confidents? » *L'espérance*, répondit-il. Le voilà donc en Asie seulement avec 35,000 hommes et l'espérance.

D. Quels furent ses succès dans ce pays?

R. Darius, roi de Perse, pouvait facilement faire échouer l'entreprise téméraire d'Alexandre. Pour cela, il ne fallait que suivre les sages conseils de Memnon de Rhodes, le seul homme de guerre qu'eut Darius. Il conseillait d'éviter le combat et de ruiner le pays, afin que l'ennemi n'y trouvât aucunes subsistances. Il ne fut point écouté. On fit marcher cent mille hommes de pied et dix mille chevaux sur les bords du Granique. Alexandre passe le fleuve en présence de l'ennemi, le bat, le met en fuite, et cette victoire lui soumet presque toute l'Asie.

Passage du Granique par Alexandre.

D. Que fit Darius pour s'opposer aux succès rapides de son ennemi ?

R. Memnon avait demandé qu'on portât la guerre en Macédoine, pour faire diversion. Darius reconnaît enfin la sagesse des conseils de son général. Il déclare Memnon amiral de ses flottes et général des troupes destinées à faire la guerre en Macédoine. Ce grand guerrier se rend maître de plusieurs places, mais la mort l'enlève au milieu de ses succès.

Mort de Memnon.

Cependant Alexandre passe les défilés de Cilicie, et tombe dangereusement malade, pour s'être baigné dans le Cydnus, tout couvert de sueur. Une lettre lui rendait suspect Philippe, son médecin ; Parménion lui avait écrit qu'il voulait l'empoisonner. Philippe lui ayant

Maladie d'Alexandre

apporté un breuvage, le prince lui donna la lettre à lire, et but sans hésiter. Il guérit en peu de jours.

D. Qu'arriva-t-il à cette époque?

R. Darius s'avançait pour combattre son ennemi. Au lieu de l'attendre dans une plaine, où il aurait pu déployer toutes ses forces, comme on le lui conseillait, il s'engage maladroitement dans des défilés près de la ville d'Issus, et livre bataille au roi de Macédoine. Alexandre mit l'armée ennemie en déroute, et la dissipa entièrement. La perte de l'ennemi fut, dit-on, de cent dix mille hommes. On ne saurait trop louer la manière dont Alexandre en agit avec la mère, les femmes et les filles du roi de Perse, qui tombèrent en son pouvoir.

Bataille d'Issus.

D Racontez-nous la suite de ses conquêtes?

R. La Syrie se soumit sans résistance. Damas, où Darius avait renfermé ses trésors, fut livré par le gouverneur. Les Sidoniens, en Phénicie, tendirent les bras au vainqueur, qu'ils reçurent avec joie.

Soupçonnant les Grecs de mauvaise foi, depuis qu'on avait trouvé à Damas des ambassadeurs d'Athènes, de Sparte et de Thèbes, il marcha vers Tyr. Les Tyriens opposèrent une résistance opiniâtre ; mais, après un siége de sept mois, la ville fut prise d'assaut. On fit une horrible boucherie de ses habitants. Deux mille avaient échappé à la fureur du soldat ; Alexandre eut la barbarie de les faire mettre en croix.

Il se déshonora encore plus, s'il est possible, au siége de Gaza. Bétis, gouverneur de la ville, l'avait défendue avec courage. Alexandre s'en vengea d'une manière atroce Il fit passer dix mille hommes au fil de l'épée, et fit vendre tous les autres. Il insulta lâchement à la valeur de Bétis. Il fit attacher par les talons à son char cet homme intrépide, et il le traîna autour de la ville.

D. Alexandre ne se fit-il pas déclarer fils de Jupiter Ammon ?

Alexandre se fait reconnaître pour fils de Jupiter Ammon.

R. Cet homme vain, et enflé sans doute de ses nombreux succès, fait une marche pénible de dix jours à travers les sables brûlants de la Libye, pour visiter le temple de Jupiter Ammon. Il y arriva, lui et son armée, après des dangers inouis, et l'oracle du Dieu lui donna, à sa demande, le titre de fils de Jupiter Ammon. Olympias, sa mère, lui écrivit en plaisantant à ce sujet, *de ne point la brouiller avec Junon.*

Alexandre quitta l'Égypte, après avoir bâti la ville d'Alexandrie. Si des conquêtes destructives font la gloire de ceux qui y président, on doit également un juste tribut d'éloges à ceux qui établissent des monuments utiles et durables.

CHAPITRE XVIII.

Fin du règne d'Alexandre.

D. Comment Alexandre reçut-il les propositions de paix de Darius ?

R. Il les rejeta avec hauteur. Parménion lui dit qu'il les accepterait, s'il était Alexandre ; « et moi » aussi, répliqua le roi, si j'étais » Parménion. » Darius lève une armée nombreuse. Son vainqueur passe en Assyrie, et le joignit aux environs d'Arbelles. La vue de l'armée des Perses épouvante les Macédoniens ; une éclipse de lune achève de les abattre. Alexandre lui-même est effrayé. On dit même qu'il fit des sacrifices à la peur. Cependant le combat s'engage, et Alexandre conduit ses soldats à la victoire. Celle d'Arbelles fut complète. Le malheureux Darius s'enfuit de province en province, et fut assassiné dans sa fuite par Bessus, un de ses satrapes.

Journée d'Arbelles.

D. Racontez-nous en peu de mots les autres exploits militaires d'Alexandre?

Autres exploits d'Alexandre.

R. Après la mort de Darius, Alexandre ne trouva plus aucun obstacle. Il se transporte successivement à Babylone, à Suze, à Persépolis. Se voyant maître de la Perse, il fit la conquête des nations orientales; il soumit jusqu'aux peuples au-delà de l'Hydaspe. Il aurait bien voulu pénétrer jusqu'au Gange; mais ses soldats refusèrent de le suivre plus loin. Il voulut au moins voir l'Océan, et il ne crut pas avoir acheté trop cher ce beau spectacle.

D. Quel fut le caractère d'Alexandre?

Caractère et mœurs d'Alexandre.

R. Son ambition démesurée et son ardeur belliqueuse sont bien peintes par ces mots qui lui échappèrent un jour. Fâché des conquêtes de son père : « il ne me laissera rien à » conquérir, » dit-il avec humeur. Son caractère barbare et ses débauches de toutes espèces éclatèrent dans le cours de ses dernières expéditions. Il prend l'habit et les mœurs des Perses ; à leur molesse il ajoute la crapule. C'était une honte de ne pas s'énivrer à sa table.

Il fait mourir Philotas, fils de Parménion, sous prétexte d'une conjuration qui n'est pas prouvée. Quelque temps après Parménion lui-même, qui lui avait rendu les plus grands services, est égorgé par ses ordres.

Il se louait avec indécence dans un festin, même aux dépens de la mémoire de Philippe, son père. « Tu n'as vaincu qu'avec ses sol» dats », lui dit Clitus, indigné de l'entendre. Ces mots mettent le conquérant en fureur, et il poignarde Clitus qui lui avait sauvé la vie.

Un lâche courtisan avait proposé de rendre à Alexandre les honneurs divins. Le vertueux Callisthène montra l'indécence de cette démarche. On le supposa complice d'une conspiration découverte, et on le fit périr.

Son palais était un sérail. Quoique marié avec Roxane, il épousa dans un même jour Barsine, fille aînée de Darius, et Parysatis, la plus jeune des filles d'Ochus.

Les excès de la table étaient également à leur comble. Un seul repas coûte la vie à quarante-deux courtisans ; un autre enlève Ephestion.

Sa mort. 324 avant J.-C. Lui-même meurt des suites de ses débauches et de ses excès en tout genre, âgé de trente-trois ans

D. Donnez-nous quelques circonstances de sa mort?

R. Sa maladie prenant des caractères graves, il consulte les augures. Ceux-ci n'annoncent rien que de sinistre. Les accidents les plus simples sont pris pour des présages. Le grand Alexandre se trouble : une terreur superstitieuse s'empare de son âme : son palais se remplit de devins, on ne parle que de sacrifices, que de purifications ; et ce dieu meurt comme le plus faible des hommes.

Il ne laissa qu'un frère imbécile et des enfants en bas âge. Perdiccas lui demandant à qui il destinait l'empire : *au plus digne*, répondit-il, *et je prévois que ce différent me prépare d'étranges jeux funèbres.*

CHAPITRE XIX.

Affaires d'Athènes et de Macédoine.

D. Que se passa-t-il en Grèce pendant les conquêtes d'Alexandre ?

R. La Grèce fit des tentatives pour secouer le joug des Macédoniens. Sparte souleva le Péloponèse ; mais Antipater parut, et tout rentra dans l'ordre. Harpale, gouverneur de Babylone, obligé de fuir, s'était réfugié à Athènes avec d'immenses trésors. Il essaya inutilement de corrompre le vertueux Phocion. Démosthène fut moins délicat. L'aréopage, indigné de la conduite de cet orateur, l'exila, et Harpale fut chassé de la ville.

Exil de Démosthène.

Cependant on apprend la mort d'Alexandre. Ce n'est qu'un cri de joie. On ne respire plus que la guerre. En vain Phocion invite à mettre plus de calme et de maturité dans les délibérations.

D. Quelle fut la conduite d'Athènes ?

R. On envoie chez les différents peuples de la Grèce, pour les inviter à former une ligue. Démosthène, quoique exilé, entraîne plusieurs républiques. Il eut été bien plus sage d'attendre, c'était l'avis de Phocion; mais Démosthène prévalut.

Athènes reçoit la loi.

Les Athéniens remportèrent une victoire qui ne produisit qu'une joie éphémère. Antipater reçut des secours, vainquit complétement, et Athènes subit la loi. Le vainqueur abolit la démocratie, plaça une garnison dans le fort, et il fut arrêté qu'on lui livrerait Démosthène. Celui-ci, pour ne pas tomber au pouvoir de son ennemi, s'empoisonna.

Mort de Démosthène. 322 avant J.-C.

D. Par qui l'empire fut-il gouverné après la mort d'Alexandre ?

R. On conçoit que l'intelligence et l'union ne purent s'établir entre les généraux de ce conquérant. Jaloux les uns des autres, ils ne purent consentir à donner l'empire à l'un d'eux. Ils reconnurent pour maître

Aridée, prince imbécile, frère d'Alexandre, et un enfant nouveau né de Roxane. Perdiccas fut nommé régent. Bientôt il fut l'objet de l'envie de ses collègues. La régence passe de main en main. Enfin elle arrive à Polysperchon, vieux capitaine. Il rend à toutes les villes de la Grèce leur ancienne liberté, et il rétablit la démocratie d'Athènes. Le vertueux Phocion, qui ne pouvait croire que le gouvernement du peuple rendît jamais sa patrie heureuse, préférait l'oligarchie. Il voyait en cela comme avaient vu avant lui Aristide et les hommes les plus sages de la Grèce. L'expérience d'ailleurs l'éclairait de son flambeau. Le peuple néanmoins se souleva contre Phocion, et il fut condamné à mort. Peu de temps après, ce peuple toujours léger, lui éleva une statue, et punit les auteurs de sa condamnation.

Condamnation de Phocion.

D. Polysperchon conserva-t-il longtemps le pouvoir?

R. Cassandre paraît avec des forces imposantes; il force Polysperchon à se retirer, et soumet les Athéniens; il favorise l'oligarchie,

Démétrius de Phalère gouverne Athènes.

et laisse Démétrius de Phalère, pour gouverner Athènes. Les Athéniens furent heureux. Jamais homme ne leur avait paru gouverner avec tant de sagesse. Son administration dura dix ans. Ils lui élevèrent trois cent soixante statues.

Il est chassé par Démétrius-Poliorcète.

Cet excellent homme, après dix ans du règne le plus sage, est chassé par Démétrius Poliorcète, qui rétablit la démocratie. On lui prodigue les noms de libérateur, de sauveur, tandis qu'on détruit les statues élevées en l'honneur de son prédécesseur. Celui-ci cherche pendant longtemps un asile, et il est enfin reçu à la cour de Ptolémée Soter, où il se livra à l'étude de la philosophie et des lettres, et finit doucement sa carrière dans le sein des Muses.

CHAPITRE XX.

Jusqu'à la conquête de la Grèce par les Romains.

D. Dites-nous comment les généraux d'Alexandre se partagèrent l'empire de ce fameux conquérant?

R. Ptolémée et Séleucus avaient formé contre Antigone et Démétrius une ligue avec Cassandre et Lysimaque. Vainqueurs dans les plaines d'Ipsus, où Antigone perdit la vie, ils partagèrent entre eux l'empire. Ptolémée eut l'Egypte, la Libye, l'Arabie, etc.; Cassandre, la Macédoine et la Grèce; Lysimaque, la Thrace, la Bithynie, etc.; Séleucus, presque toute l'Asie, jusqu'au fleuve Indus. Séleucus fit fleurir son empire, et l'embellit d'un grand nombre de villes. Ses successeurs faibles et lâches se laissèrent honteusement dépouiller d'une partie de leurs États.

Partage de l'empire d'Alexandre en quatre monarchies.

D. Que devint Démétrius Poliorcète, après la mort d'Antigone son père?

R. Il fut presque totalement dépouillé de ses États. Athènes elle-même, qui peu auparavant l'avait nommé un dieu sauveur, lui ferma ses portes. Quelque temps après, son courage le rendit une seconde fois maître de cette ville. Sa modération envers cette cité ingrate lui fait beaucoup d'honneur.

D. Comment Cassandre gouverna-t-il ses peuples?

R. Il ne se passa sous son règne rien qui soit digne de nous arrêter. Après sa mort, ses deux fils se disputèrent le trône de Macédoine. L'un d'eux demanda du secours à Démétrius, qui l'assassina et se fit proclamer roi. Lysimaque détrôna peu après ce prince assassin, qui eut une fin malheureuse et bien méritée.

D. Quel fut le règne de Ptolémée?

Monarchie d'Egypte.

R. L'Égypte fut très florissante sous le premier Ptolémée, surnommé Soter. Ce prince favorisa les arts et les sciences; il attira dans ses Etats des hommes de talent, et il fut le fondateur de la célèbre bibliothèque d'Alexandrie. C'est lui aussi qui établit le *muséum*, espèce d'académie savante, qui répandit les lumières en Egypte. On lui devait encore la superbe tour de Pharos, où des fanaux éclairaient de nuit les navigateurs.

Cet excellent prince, quelque temps avant de mourir, remit les rênes du gouvernement entre les mains de Philadelphe, fils de

Bérénice, sa seconde femme. On retrouva dans le successeur les talents et les vertus du père. Philadelphe fit le bonheur des Égyptiens pendant trente-neuf ans qu'il régna.

Quant à Lysimaque, il fut un prince exécrable. Il trouva sa fin dans un combat que ses propres officiers avaient suscité contre lui.

D. Dites-nous un mot de l'irruption des Gaulois?

Irruption des Gaulois.

R. Brennus, général des Gaulois, à la tête d'une armée nombreuse, avait passé les Thermopyles; il s'avançait vers Delphes pour piller le temple d'Apollon. Un orage affreux, suivi d'un tremblement de terre, survint. Les Gaulois en furent si effrayés qu'ils tournèrent leurs armes contre eux-mêmes dans les ténèbres de la nuit. Les Grecs, saisissant l'occasion, les taillèrent en pièces. Brennus mourut de ses blessures.

Vers le même temps, un autre corps de Gaulois s'établit dans cette partie de l'Asie-Mineure, nommée Gallo-Grèce, ou Galatie.

CHAPITRE XXI.

Ligue des Achéens. Agis et Cléomène.

D. Faites-nous connaître la ligue des Achéens?

Ligue des Achéens. 284 avant J.-C.

R. Les peuples de l'Achaïe avaient longtemps échappé aux révolutions de la Grèce. Cette contrée sans richesse, sans ambition, ne pouvait exciter les désirs des Etats voisins. Elle se faisait respecter par sa sagesse et par sa modération ; Philippe, ni Alexandre, ne changèrent rien à ses lois. Mais dans la suite, elle subit le joug. Bientôt les Achéens réunirent leurs forces, et se mirent en état de chasser leurs tyrans.

Les villes de ce petit pays avaient déjà uni anciennement leurs intérêts et leurs forces. Elles renouvellent leur association. Chaque ville se gouvernait par ses lois et par ses magistrats. Les affaires générales se traitaient à Ægium, dans un sénat composé des députés de toutes les villes. Ce sénat s'assemblait deux fois l'année.

Ces villes s'étaient engagées à ne point quitter les armes, tant qu'une d'elles serait menacée.

Deux préteurs, qu'on renouvelait tous les ans, présidaient au sénat, et le convoquaient extraordinairement, s'il en était besoin. On sentit bientôt que c'était un vice dans la constitution d'avoir plus d'un chef, et on ne créa plus qu'un préteur.

D. Dites-nous quel fut le gouvernement d'Aratus ?

Aratus est créé préteur.

R. Aratus, jeune homme de vingt ans, délivra Sicyone sa patrie de la tyrannie de Nicoclès, et l'associa à la ligue des Achéens. Ses talents ne tardèrent pas à l'élever à la préture, et cette magistrature devint comme perpétuelle entre ses mains. A peine eut-il le gouvernement, qu'il fit une action d'éclat. Il enleva Corinthe au roi de Macédoine, et détacha plusieurs peuples de ce royaume, et les fit entrer dans la ligue des Achéens. Antigone Gonatas, roi de ce pays, en mourut de chagrin l'année suivante.

Talents et qualités d'Aratus.

Jamais citoyen ne fut plus fait pour gouverner; lumières, probité, amour du bien public, éloquence : il réunissait toutes les qualités qui font l'homme de bien et l'excellent magistrat. Néanmoins cet homme si grand et si plein de courage partout ailleurs, n'était plus le même à la tête d'une armée ; il se troublait, et les facultés de son âme étaient comme suspendues. Il connaissait son faible, et ne faisait pas difficulté de l'avouer. Cette modeste et *noble franchise* n'ajoute pas peu à son éloge.

Défaut d'Aratus

D. Quelle fut l'entreprise d'Agis à cette époque ?

Agis tente de rétablir les lois de Lycurgue. Il échoue.

239 avant J.-C.

R. Agis IV venait de monter sur le trône de Sparte. Toutes les espèces de désordres régnaient dans sa patrie ; la corruption était à son comble. Il se proposa de ramener les anciennes mœurs, et de faire revivre les lois de Lycurgue. Agis échoua par la trahison d'un éphore, auquel il avait donné sa confiance. Léonidas, son collègue, le fit lui-même condamner à mort. Un de ses bourreaux versait des larmes : *Cesse de me plaindre*, lui dit Agis ; *en souffrant une mort injuste, je suis plus heureux que mes meur-*

Sa mort.

triers. Léonidas mourut peu après.

D. Dites-nous comment Cléomène exécuta le projet d'Agis ?

R. Cléomène, fils de Léonidas, avait épousé la veuve d'Agis Monté sur le trône de Sparte à la mort de son père, il entreprit d'exécuter le plan de réforme tenté par Agis. L'amour de la vertu avait conduit celui-ci ; Cléomène n'écouta que son ambition. Une pareille révolution ne pouvait se faire sans violence. Il chercha à s'attacher les troupes ; la guerre lui en fournit l'occasion.

Cléomène exécute le projet d'Agis

Les Achéens avaient fait quelques hostilités sur les terres des Lacédémoniens, pour les obliger à entrer dans leur ligue. Cléomène les combat, les repousse, et leur enlève plusieurs villes.

Cléomène lève une nouvelle armée, emmène avec lui tous ceux qui pouvaient faire obstacle à l'exécution de son projet ; il était bien décidé à ne pas les ramener. Les ayant donc laissés en garnison dans l'Arcadie, il revint à Sparte avec un corps de troupes étrangères. Arrivé, il fit massacrer les éphores, et il bannit tout ce qui lui était opposé.

Alors il assemble le peuple, se dépouille de ses biens, abolit les dettes, et fait un nouveau partage des terres : bientôt les violences et les crimes de Cléomène disparurent aux yeux du peuple.

D. Que fit Aratus dans cette conjoncture ?

R. Il s'attendait à être attaqué par Cléomène. Comme les forces des Lacédémoniens étaient supérieures aux siennes, il songea à leur opposer une armée capable de résister à l'ennemi. Il appelle à son secours le roi de Macédoine. Cléomène avait déjà obtenu quelques succès, lorsque Antigone Doson parut. La guerre ne fut pas longue. Cléomène fut vaincu par Antigone dans une bataille décisive à Sélasie, et la guerre se termina par la prise de Sparte. Cléomène s'enfuit en Egypte. Là, outré du peu d'égards qu'on lui marquait, il tenta un coup de désespoir avec un petit nombre d'amis. Il courut les rues d'Alexandrie, excitant le peuple à la révolte. Le peuple ne remua point. Alors s'attendant à une mort inévitable, ils se tuèrent les uns les

Aratus appelle le roi de Macédoine à son secours.

222 avant J.-C.

Mort de Cléomène.

autres. Le corps de Cléomène fut attaché à une croix.

Antigone, obligé de marcher contre les Illyriens qui avaient fait une irruption dans la Macédoine pendant son absence, alla les combattre. Il les défit complètement, mais il se rompit, pendant l'action, une veine dans la poitrine, et mourut quelques jours après.

Mort d'Antigone.

D. Quelle était alors la ligue des Achéens ?

R. La ligue des Achéens se soutint par la prudence et les vertus d'Aratus. Cet excellent prince avait su mériter la confiance d'Antigone Doson ; il conserva même celle de Philippe, son successeur, tant qu'il ferma l'oreille aux flatteurs. Enfin, des hommes méprisables le perdirent dans l'esprit du roi de Macédoine. Celui-ci le fit empoisonner, lui et son fils ; il ne pouvait plus soutenir la présence d'un homme, dont la vertu semblait lui reprocher ses injustices et ses débauches. Aratus était préteur pour la dix-septième fois. Le malheureux Philippe mourut lui-même peu de temps après.

Mort d'Aratus.

D. Quel fut le successeur d'Aratus?

Philopémen, successeur d'Aratus.

R. Philopémen, un des grands capitaines qu'ait eus la Grèce, remplaça Aratus. Les Achéens, commandés par un homme de ce mérite, paraissaient encore puissants, lorsque les autres parties de la Grèce gémissaient dans la servitude. La Macédoine était soumise aux Romains. Toute la Grèce allait bientôt essuyer le même sort. Cependant les Achéens prirent les armes contre les Romains,

La Grèce réduite en province romaine.

qui ne cessaient de leur tendre des piéges. Métellus fit marcher ses légions, leur livra bataille et les défit.

146 avant J.-C.

La Grèce fut réduite en province Romaine, sous le nom de province d'Achaïe.

Athènes, soutenue par Mithridate, tint encore quelque temps. Sylla en fit le siége, et livra cette ville à la

87 avant J.-C.

fureur des soldats. Elle conserva néanmoins sa démocratie, et eut le titre d'amie et d'alliée des Romains.

Athènes conserva sur Rome conquérante l'empire de l'esprit, des talents et de la littérature. Elle fut une école où le Romain belliqueux apprit à penser et à cultiver les arts et les sciences.

CHAPITRE XXII.

Sur les arts, la littérature, et les sciences de la Grèce.

D. Donnez-nous une idée des arts et des sciences de la Grèce ?

R. 1° L'agriculture et le commerce fixèrent avant tout l'attention et l'étude des Grecs. De grands princes, de grands philosophes, s'occupèrent sérieusement de ces objets intéressants. Ces deux branches vivifiantes d'un Etat furent particulièrement distinguées et honorées ; aussi les vit-on fleurir dans cette contrée heureuse, et répandre partout des semences de prospérité et de bonheur. Agriculture et commerce.

2° Bientôt de ces connaissances que commandait la nécessité, on s'éleva aux arts d'agrément et de luxe. L'industrie et l'émulation enfantèrent des prodiges. L'architecture, la sculpture, la peinture, multiplièrent leurs chefs-d'œuvre. Périclès, doué de talents rares, fut le père des beaux-arts. Les trois Architecture, sculpture, peinture. 435 avant J.-C.

ordres d'architecture grecque, le dorique, l'ionique et le corinthien, subsistent comme des règles immuables. Les productions de la sculpture n'étonnèrent pas moins
498-280 avant J.-C. les regards. Les Phidias, les Myron, les Lysippe, les Praxitèle, etc., s'immortalisèrent par leurs ouvrages. Deux Vénus de Praxitèle emportèrent tous les suffrages. Des prodiges non moins étonnants sortirent du pinceau des peintres célèbres
475-332 avant J.-C. de ce beau pays. Les Apollodore, les Zeuxis, les Apelle, les Protogène, etc., parurent, et méritèrent l'immortalité.

Musique. 3° La musique tenait un des premiers rangs chez les Grecs ; elle était cultivée avec le plus grand soin, et on attachait à cet art agréable la plus grande importance. On en faisait une partie essentielle de l'éducation. L'harmonie affectait délicieusement l'âme des Grecs ; elle avait adouci leurs mœurs, elle faisait une vive impression sur leurs organes ; elle élevait leur courage, et les portait aux grandes choses.

Art militaire. 4° L'art militaire fit nécessairement des progrès rapides chez les

Grecs. Des peuples qui avaient presque toujours les armes à la main, soit pour attaquer, soit pour se défendre, durent se distinguer en peu de temps dans la science des combats. Chez eux tout citoyen était soldat, et devait porter les armes jusqu'à soixante ans. Les lois pour la discipline étaient religieusement observées. L'histoire nous apprend combien les Grecs étaient habiles à placer avantageusement un camp, à faire des savantes dispositions de batailles, à exécuter des manœuvres bien conçues. Enfin aucun moyen n'échappait à leurs connaissances et à leur sagacité, lorsqu'il s'agissait de faire une attaque, ou de préparer une défense. Les Grecs aimaient leur gouvernement, ils y trouvaient le bonheur, ils se portaient avec ardeur à tout ce qui pouvait servir à le conserver et à l'embellir.

5° Tout le monde sait jusqu'à quel point les Grecs élevèrent la gloire de la littérature. Leur langue est naturellement harmonieuse, et leurs organes étaient extrêmement sensibles à l'harmonie. L'art des vers

Littérature

était chez eux en grand honneur. On chantait dans le langage des poètes les dieux, les héros, les plaisirs, la morale, les grands événements. Bientôt on attribua des prodiges aux grands poètes. Orphée, dont les doux sons enchantaient, se fait suivre des rochers, devenus sensibles à ses accents. Les pierres, animées par la lyre d'Amphion, se meuvent et s'arrangent d'elles-mêmes à sa voix. En un mot, l'école des Grecs est celle où tous les peuples ont depuis perfectionné leur goût, et où ils vont tous les jours chercher, en matière de littérature, des modèles et des maîtres.

Vers 1330 avant J.-C.

L'art dramatique.

6° L'art dramatique, ou les représentations théâtrales, étaient également portées à un très haut point d'honneur. Eschyle, Sophocle, Euripide, ont immortalisé le théâtre des Grecs. Ce peuple n'a point été aussi heureux dans la comédie. Elle n'a commencé à répandre un certain éclat que du temps de Ménandre, qui excella. Ses ouvrages ont servi de modèles à Térence.

525-402 avant J.-C.

L'histoire.

7° L'histoire fait aussi de grands progrès chez les Grecs. Hérodote d'Halicarnasse en est regardé comme le père. Son ouvrage, quoique défiguré par beaucoup de fables, lui attira de grands applaudissements. Thucydide, excellent historien, Xénophon (1), doué de vrais talents, le suivirent. Parurent ensuite avec éclat Polybe, Denys d'Halicarnasse, Diodore de Sicile, et Plutarque, qui embellirent le champ de l'histoire, et rendirent cette science extrêmement recommandable.

484-354 avant J.-C.

160 avant J.-C.

Règne d'Auguste.

8° Enfin le goût de la philosophie prit chez les Grecs, et monta au plus haut point de gloire. Les premiers philosophes furent des sages. Leur principale occupation étaient la morale et la législation. Plusieurs d'entre eux furent législateurs et magistrats. Thalès de Milet, Pythagore, Socrate, Platon, Zénon, tous ces grands hommes, l'honneur de l'espèce humaine, tous amis zélés de la vertu, se consacrèrent à l'étude de la philosophie, et immortalisèrent leurs noms, en couvrant leur patrie

Philosophie.

Socrate. 470 avant J.-C.

(1) Nous n'engageons point à lire sa Cyropédie comme une histoire ; on doit plutôt la regarder comme un roman moral et politique.

d'une gloire qui se perpétuera jusqu'à nos derniers neveux.

Géométrie, astronomie, géographie.

9° La géométrie, l'astronomie, la géographie, eurent aussi une place distinguée dans l'opinion des Grecs. Ces sciences utiles furent cultivées avec succès par ce peuple si heureusement né.

Médecine.

10° On sait qu'Hippocrate est regardé à juste titre comme le père de la médecine. Cet art si important tira sous ce grand homme toutes ses lumières de l'observation et de l'expérience. Hippocrate ne donna rien à l'esprit de système. Il fit son étude unique de la conservation de la vie de l'homme, et ses principes étaient mûrement réfléchis, et n'offraient jamais rien de hasardé.

Hippocrate né dans l'île de Cos. 460 avant J.-C.

On ne peut disconvenir que les modernes ne doivent beaucoup aux Grecs dans tous les genres. Mais il faut avouer aussi qu'ils les ont souvent surpassés, soit par les découvertes importantes qu'ils ont faites, soit par des méthodes plus simples, plus exactes, et beaucoup mieux conçues.

FIN.

VOCABULAIRE GÉOGRAPHIQUE

Des différents Pays, des Villes, des Fleuves ou Rivières, etc., dont il est parlé dans cet abrégé de l'histoire ancienne.

A

ACHAÏE, *Achaia*, contrée du Péloponèse, dans la Grèce. Elle avait d'abord le nom d'*Egialée*, d'un mot grec qui signifie *rivage*. Après l'expulsion des tyrans, l'Achaïe forma une république fédérative composée de douze villes. Aratus, aussi recommandable par sa modération que par ses rares talents, en fut élu chef. Sa magistrature couvrit son pays de gloire. Il mourut empoisonné par Philippe, roi de Macédoine. Après sa mort, la république se soutint encore quelque temps avec distinction ; elle succomba enfin, et fut réduite en province romaine. 146 avant J.-C.

AFRIQUE, *Africa*, l'une des cinq parties du monde. (*Voyez la géographie de l'histoire romaine.*)

ALEXANDRIE, *Alexandria*, belle ville de l'Egypte, célèbre sous les Ptolémées par son commerce et sa bibliothèque. Elle a été bâtie par Alexandre, assez près de l'embouchure du Nil, à l'endroit où était *Canapy*. (*Voyez la géographie de l'histoire romaine.*)

AMPHIPOLIS, ville ancienne, située sur le fleuve Strymon, aux frontières de Thrace et de Macédoine. Elle se nomme aujourd'hui *Emboli*.

ARABIE, grande presqu'île de l'Asie, entre la mer Rouge à l'ouest, et le golfe Persique à l'est. On la divise en Arabie *Pétrée*, en Arabie *Déserte* et en Arabie *Heureuse*. La première qui tient son nom de *Petra*, son ancienne capitale, n'est un peu fertile que dans sa partie méridionale. *Hérac* en est aujourd'hui la capitale.

L'Arabie *Déserte* est ainsi nommée de la nature de son territoire ; *Ana* en est la ville principale.

L'Arabie *Heureuse*, ou *l'Yémen*, doit son nom à la verdure agréable de ses arbres, à l'abondance variée de ses productions, à la pureté de l'air qu'on y respire, etc *Sanaa* en est la capitale.

ARBELLES, *Arbella*, bourg d'Assyrie, sur le fleuve Lycus, célèbre par la seconde victoire qu'Alexandre le Grand remporta sur Darius, roi de Perse.

ARCHIPEL (un) est une mer entrecoupée d'un grand nombre d'îles. On nomme communément la *mer de l'Archipel* la partie de la Méditerranée qui baigne les côtes de la Grèce à l'est et au sud. Les îles qu'elles renferment s'appellent les îles de l'Archipel.

ARGINUSES, *Arginuseœ*, îles au nombre de trois, situées auprès de l'île de Lesbos, vis-à-vis de Mitylène.

ARGOS, capitale de l'Argolide, royaume de Grèce dans le Péloponèse, fondé par Inachus, l'an du monde 2107. Les villes principales de ce royaume étaient Epidaure, Hyrinthe, Cynethia, etc. Persée en fut le dernier roi. Ce pays passa aux Romains; aujourd'hui il est une propriété des Turcs sous le nom de *Romanie*, *de Morée* ou *Sacanie*.

ASIE-MINEURE, c'est la partie de l'Asie, connue sous le nom d'*Anatolie*, et par corruption *Natolie*.

ASSYRIE, contrée d'Asie, appelée aujourd'hui *Curdistan*, dans le Diarbeck, au nord de Bagdad; c'est ce qu'on nomme aussi le pays de Curdes, dont les villes capitales sont Mora et Stesiphon. Sa première capitale fut la fameuse *Ninive*, du nom de Ninus, fondateur de l'empire d'Assyrie. Sardanapale en fut le dernier souverain.

ATHÈNES, *Athenœ*, capitale de l'Attique, dans la Grèce propre, ville célèbre par ses grands hommes, par la gloire de son peuple et par ses beaux monuments. Elle porte encore actuellement le nom d'*Athénie* ou *Sétine*. (*Voyez la géographie de l'histoire romaine.*)

ATHOS (mont), aujourd'hui *Monte-Santo*, à cause des nombreux monastères qui s'y trouvent; grande et fameuse montagne d'Europe, sur les côtes maritimes de la Macédoine, vers l'ancienne Thrace ou Romaine moderne; elle est dans une presqu'île dont elle occupe toute la longueur, entre le golfe Thermaïque à l'ouest et le golfe Strymon à l'est.

ATTIQUE, province de l'Achaïe, en Grèce, entre la mer Egée, la Béotie et le pays de Mégare.

B

Babylone, très célèbre ville d'Asie, sur l'Euphrate, ancienne capitale de la Chaldée, fondée par Nemrod, arrière-petit-fils de Noé. Il en reste à peine quelques vestiges dans le lieu appelé aujourd'hui *Babil.*

Bactriane, *Bactriana*, ancienne province de Perse, entre la Marange, la Scythie, l'Inde et le pays des Massagètes. C'est aujourd'hui une partie de la Tartarie indépendante où se trouve *Balk*, autrefois *Baëtra*, capitale du pays.

Béotie, province de Grèce, dite aujourd'hui *Stramulipe*, au nord-ouest de l'Attique. Les villes de Chéronée, Orchomène, Platée, Leuctres, Thespies, Thèbes, etc. se trouvaient dans ce pays

Bétique, *Bœtica*, province de l'ancienne Espagne, aujourd'hui le royaume de Grenade et l'Andalousie; elle tenait son nom du fleuve Bétis (Guadalquivir). Strabon et Pline assurent que c'était la contrée la plus riche, la plus fertile et la plus riante de toute l'Espagne. Ses peuples étaient aussi les plus distingués et les plus savants.

Bithynie, *Bithinia*, province de l'Asie-Mineure, sur le Pont-Euxin; *Nicomedia* et *Prusa* étaient ses principales villes. Elle fait aujourd'hui partie de l'Anatolie.

Byzance, *Byzantium*, ville de Thrace, sur la pointe du Bosphore. Constantin y a transféré le siége de son empire; depuis ce temps elle se nomme *Constantinople*. Actuellement elle est la capitale de l'empire Ottoman, et le séjour du Grand-Seigneur.

C

Cadix, *Gades* ou *Gadis*, ville de la Bétique, aujourd'hui l'Andalousie, province d'Espagne; elle a été fondée par les Phéniciens, dans une ile vers l'embouchure du Bétis (Guadalquivir.) Elle a un excellent port, à 72 kilomètres de Gibraltar.

Carthage, *Carthago*, ville de l'Afrique, l'une des plus fameuses de l'antiquité, et rivale pendant plusieurs siècles de la capitale du monde. Elle était située entre Utique et Tunis, dans une langue de terre qui formait une presqu'île. Il en reste à peine quelques vestiges.

Caspienne (mer), *Caspium mare*, grande mer d'Asie, entre la Tartarie, le royaume de Perse, la Géorgie et la Moscovie. Ses eaux sont plus salées vers le milieu que vers les côtes, sans doute à cause du grand nombre de fleuves qui y aboutissent.

Cécropie, premier nom de la ville d'Athènes, qu'elle tenait de son fondateur

Chéronée, *Chéronea*, ville de Grèce, dans la Béotie, aux frontières de la Phocide; elle est la patrie de Plutarque. Elle est encore connue par deux victoires fameuses remportées, l'une par Philippe, roi de Macédoine, sur les Athéniens, et l'autre par Sylla, sur les généraux de Mithridate, roi de Pont.

Chypre, *Cyprus*, île de la Méditerranée, sur la côte d'Asie, jadis riche et célèbre. Paphos, Amathonte, Cythère et autres lieux si vantés dans les poètes, se trouvaient dans cette île. Elle est aujourd'hui une possession des Turcs.

Cilicie, *Cilicia*, pays de l'Asie-Mineure, jadis très peuplé, situé au sud, entre la Pamphilie à l'ouest et la Syrie à l'est. Elle fait maintenant partie de la Caramanie.

Colchide, *Colchis*, contrée d'Asie, jadis riche et très peuplée, aujourd'hui couverte de forêts, presque sans culture et sans habitants; le Pont-Euxin en baigne les côtes à l'ouest. L'ancienne Colchide fut la patrie de la magicienne Médée; ce pays est encore célèbre dans la fable par l'expédition des Argonautes.

Corinthe, *Corinthus*, ville du Péloponése, aujourd'hui Morée, située sur l'isthme qui portait son nom; elle était autrefois fameuse par les arts. Elle appartient actuellement aux Turcs, et n'est plus qu'un village connu sous le nom de *Géramé* ou de *Corito*.

Coronée, *Coronea*. Il a existé plusieurs villes de ce nom; celle dont il est question dans cet abrégé était en Béotie, sur un ruisseau qui se rendait dans le lac Capaïs.

Crète, *Creta*, est la plus grande île de l'Archipel; c'est là que se trouve le mont *Ida*, où Jupiter, selon la fable, fut élevé et nourri par les Curètes; c'est encore dans cette île qu'on voyait le fameux labyrinthe de Dédale, bâti sous le règne de Minos. Nous donnons aujourd'hui à cette île le nom de *Candie;* les Turcs l'appellent *Icriti*.

Cydnus, rivière de Cilicie dans l'Asie-Mineure ; les eaux en sont très froides. Elle sort du mont Taurus, arrose la ville de Thrace, se jette dans la mer, au sud. Ce fleuve est devenu célèbre dans l'histoire ancienne par le danger que courut Alexandre en s'y baignant, et dans l'histoire moderne par la mort de l'empereur Frédéric Ier qui y périt, en 1189, lorsqu'il passa en Asie pour reprendre Jérusalem conquise par Saladin.

D

Damas, *Damascus*, ville célèbre et très ancienne d'Asie, capitale de la Syrie, et très anciennement capitale d'un royaume de ce nom. Elle est aujourd'hui sous la domination des Turcs Cette ville est renommée par ses belles fabriques de soie à ramage et par ses sabres ou coutelas.

Décélie, *Decelia*, petite ville de l'Attique dans l'ile d'Eubée, aujourd'hui Négrepont.

Delphes, *Delphi*, ville de la Grèce, dans la Phocide, près du Mont-Parnasse. Elle était autrefois célèbre par le temple d'Apollon et par les oracles de la Pythie. Ce n'est plus qu'un petit village connu sous le nom de *Castri*.

E

Ecbatane, *Ecbatana*, capitale de la Médie, fondée d'après le livre de Judith, par Arphaxad, fils de Déjocès, ou Déjocès lui-même. Selon Hérodote, cette ville avait sept enceintes bâties en amphitéâtre les unes autour des autres. On ne trouve plus aucun vestige de cette ancienne ville.

Egine, *Ægina*, île et ville de la mer Egée, en face d'Epidaure et au sud-ouest d'Athènes. Elle a 5 lieues de long sur 3 de large.

Ægos Potamos, c'est-à-dire, le *fleuve de la chèvre*; c'est un petit ruisseau qui coule dans la Chersonèse de Thrace.

Egypte, *Ægyptus*, contrée d'Afrique, qui a environ 200 lieues de long sur 50 de large ; elle est bornée au midi par la Nubie, au nord par la Méditerranée, à l'orient par la mer Rouge et l'isthme de Suez, et à l'occident par la Barbarie. Elle se divise en haute, moyenne et basse. La haute comprend l'ancienne Thébaïde, la basse s'étend jusqu'au Caire, et la moyenne depuis le Caire jusqu'à Benysoueyf. Le Nil la traverse du midi au nord. Le Caire en est la capitale. Ce pays est une possession des Turcs ; il est loin de ressembler à l'ancienne Egypte. La fameuse Thèbes aux cent portes, Memphis. Héliopolis, Alexandrie d'autrefois, Péluse, sont autant de villes célèbres qu'on ne retrouve plus dans cette contrée jadis si merveilleuse.

Elatée, *Elatea*, dans la Grèce, au nord-est de Delphes et du Parnasse, et peu éloigné du Céphise à sa gauche.

Ephèse, *Ephesus*, ville fameuse de l'Asie-Mineure, connue surtout par son temple consacré à Diane ; elle n'est plus qu'un misérable village, bâti de boue au milieu de vieux arbres tout brisés et cassés ; les Turcs, qui en sont possesseurs, le nomment *Aja salone*.

Espagne, *Hispania*, royaume considérable de l'Europe, au sud-ouest. Les anciens la divisaient en *Lusitanie* (aujourd'hui le Portugal), en *Tarraconaise* et en *Bétique*. (*Voyez la géographie de l'histoire romaine.*)

Etolie, *Ætolia*, contrée de la Grèce propre, au sud de la Thessalie, entre l'Acarnanie à l'ouest, la Doride et la Locride à l'est ; sa ville principale était *Calydon*.

Eubée, *Eubœa*, aujourd'hui Négrepont, île de Grèce dans la mer de l'Archipel ; elle est séparée de la Livadie par un petit bras de mer appelé *Euripe* par les anciens. Erétrie et Chalcis étaient les principales villes.

Eulée, *Eulœus*, fleuve de la Susiane, en Perse ; ce fleuve faisait la séparation entre la Susiane et l'Elymaïde.

Euphrate, *Euphrates*, grand fleuve de l'Asie, qui prend sa source au mont Ararat dans l'Arménie ; réuni au Tigre, il se jette dans le golfe Persique. Il arrosait la ville de Babylone.

G

Galatie ou Gallo-Grèce, *Galatia*, grande contrée de l'Asie-Mineure, ainsi nommée des Gaulois qui s'y étaient établis sous la conduite de Brennus, 270 ans avant J.-C. Ses premiers habitants étaient des Grecs, de là le nom *Gallo-Grecs*. Ils étaient partagés en trois nations, les *Tectosages*, les *Votures* et les *Ambians*. *Angoura*, depuis *Ancyre*, était leur principale ville.

Gaulois (les) étaient les habitants de l'ancienne Gaule qui comprenait la France, la Savoie, la Suisse et autres pays adjacents. (*Voyez la géographie de l'histoire romaine.*)

Gaza ou Gaze, ancienne ville d'Asie, dans la Palestine, très célèbre. Elle est à une lieue de la mer, avec un port qu'on appelle *la nouvelle Gaze, Majama* et *Constantia*. Elle conserve toujours son nom, mais elle est bien déchue de ce qu'elle était autrefois.

Granique, *Granicus*, rivière de la Troade en Asie. Elle a sa source au mont Ida et se jette dans la Propontide. Les noms d'Alexandre et de Darius l'ont rendue à jamais fameuse. Les Turcs l'appellent *Sousou*.

Grèce, *Græcia*, pays célèbre et considérable de l'Europe, actuellement sous la domination des Turcs. Elle se divise en terre ferme et en îles.

La terre ferme comprend la Macédoine, l'Albanie, etc. (*Voyez la géographie de l'histoire romaine.*)

Les îles principales dans la mer de Grèce sont : *Corfou*, *Sainte-Maure*, *Céphalonie*, etc., appelées les *sept îles* qui ont formé pendant quelques moments une république indépendante, sous la protection de la France et de l'empereur de Russie.

H

Halicarnasse, *Halicarnassus*, ancienne ville d'Asie dans la Carie, dont elle était la capitale. Les rois de Carie y ont fait leur séjour ; Mausole surtout est bien connu. Le superbe tombeau qu'Artémise son épouse lui avait fait élever, décorait cette ville et la rendit encore plus célèbre. Hérodote et Denys surnommé d'*Halicarnasse*, du nom de sa patrie, y ont reçu le jour.

Hellespont, *Hellespontus*, fameux canal ou détroit qui sépare l'Europe et l'Asie ; il a environ 10 à 12 lieues de longueur et une de largeur à son entrée, et tout au plus une demi-lieue dans toute la suite. Aujourd'hui on le nomme indifféremment le *Bras de Saint-George*, les *bouches de Constantinople*, le *détroit de Galligoli*, et plus souvent le *détroit des Dardanelles*. Ce détroit joint l'Archipel à la Propontide.

Héliopolis, ancienne et célèbre ville d'Egypte, dans le

Delta, peu éloigné du Nil. Elle avait un temple consacré au soleil. On voit encore les ruines de cette fameuse cité à l'est du nouveau Caire.

Hydaspe, *Hydaspes*, grand fleuve des Indes; il prend sa source au mont Imaüs, vers les frontières du grand Tibet, et se jette dans l'Indus. On croit que c'est aujourd'hui le *Ravi*.

I

Illyriens, habitants de l'Illyrie, contrée de l'Europe, à laquelle les anciens géographes ont donné plus ou moins d'étendue, et qu'ils ont différemment bornée selon les circonstances et les temps. Les peuples dont il est ici question habitaient la partie de l'Illyrie qui fait partie de l'Albanie actuelle, sur le golfe de Venise.

Ilotes ou Hélotes. Les Hélotes proprement dits étaient les habitants de la ville de Hélos, voisine de Sparte, soumise par les Lacédémoniens vers l'an 1056 avant J.-C.; le peuple fut réduit en esclavage et occupé aux durs travaux de l'agriculture, et aux ministères les plus vils et les plus pénibles. Depuis, tous les esclaves chez les Lacédémoniens furent nommés *Hélotes* ou *Ilotes*.

Inde, *India*, vaste région de l'Asie comprise entre l'Indus et le Gange. Les anciens avaient une connaissance bien imparfaite de ce pays; ils l'ont divisé en Inde en deçà du Gange, et en Inde au delà du Gange. Au reste, il paraît qu'ils en avaient une idée bien confuse.

Indus, aujourd'hui *Sinde*, grand fleuve d'Asie, qui donne son nom à l'Inde; il prend sa source au mont Imaüs, à quelque distance de celle du Gange, et ils se jettent tous deux dans la mer des Indes, le premier courant vers le sud-ouest, et l'autre vers le sud-est.

Ionie, *Ionia*. L'Ionie proprement dite était une contrée de l'Asie-Mineure, sur la côte occidentale. Elle comprenait à peu près tout le pays situé entre l'Hermus au nord, et le Méandre au sud. Éphèse, Smyrne, Milet, Colophon et Clazomène étaient ses principales villes. Samos et Chio, capitales des îles de même nom, dépendaient encore de ce pays.

Issus, ancienne ville d'Asie dans la Cilicie, remarquable par la victoire qu'Alexandre y remporta contre Darius.

Jupiter Ammon (temple de). Ce temple, situé dans les déserts de la Libye en Egypte, a été très célèbre. La statue du Dieu, représentée le plus souvent sous la figure du bélier, et quelquefois sous une figure humaine, avec les cornes de cet animal, rendait ses oracles par des signes et non par des paroles. C'était une espèce d'automate qui faisait des signes de tête. Quand ses prêtres la promenaient, elle leur indiquait par ses gestes le chemin qu'il fallait tenir et où il fallait s'arrêter. On sait qu'Alexandre le Grand alla tout exprès visiter ce fameux temple pour se faire proclamer par l'oracle fils de Jupiter Ammon.

L

Lacédémone ou Sparte, ville du Péloponèse et capitale de la Laconie, dans la Grèce. Elle a été bâtie par Lacédémon vers l'an 1639 avant J.-C. Il la nomma *Sparte*, du nom de sa femme. Cette ville était située sur l'Eurotas, à quelque distance de la mer. Sparte et Athènes ont été longtemps deux villes rivales et réciproquement jalouses de leur gloire. Cette ville, sous la domination des Turcs, se nomme aujourd'hui *Misitra*.

Laconie, *Laconia*, célèbre contrée de la Grèce, dans le Péloponèse, dont Lacédémone était la capitale. Elle est partagée par l'Eurotas en deux parties fort inégales. Aujourd'hui elle a le nom de *Zaconie* ou *Brossodi Maina* en Morée, et ses habitants se nomment *Magnettes*.

Lampsaque, *Lampsacus*, aujourd'hui *Lampsaki*, ville ancienne de l'Asie-Mineure, dans la Mysie, au bord de la mer, à l'entrée de la Propontide.

Leuctres, *Leuctra*, petite ville de la Béotie, près du golfe de Corinthe, fameuse par la bataille qu'Epaminondas, général Thébain, y gagna sur les Lacédémoniens, 371 ans avant J.-C. Il y avait deux autres villes de ce nom, l'une en Laconie, et l'autre en Arcadie.

Liban, montagne célèbre d'Asie, aux confins de la Palestine et de la Syrie. Cette chaîne de montagne s'étend le long de la Méditerranée, sur une longueur de 35 à 40 lieues. L'Ecriture Sainte parle beaucoup des cèdres du Liban.

Locriens ou Locres, peuples de la Grèce propre, dans la Locride, qui était une contrée de l'Achaïe. Le Parnasse selon Strabon, la partageait en deux parties. Ces peuples avaient différents noms suivant les lieux qu'ils habitaient; les uns se nommaient *Locres ozoles*, *Locri ozolæ ;* leur capitale était *Amphise ;* les autres avaient le nom d'*Oputiens* d'Opus, leur capitale; enfin il y avait des Locres *Epicnémidiens*, ainsi dits du nom d'une montagne de leur pays; leur capitale portait aussi le nom de *Cnemide*.

Lydie, *Lydia*, province de l'Asie-Mineure; elle fut aussi appelée *Méonie*. On y trouvait le mont Tmolus : le Pactocle et le Méandre en baignaient les terres, et *Sardes* en était la capitale. La Lydie a été longtemps un royaume dont Crésus a été le dernier roi, 545 ans avant J.-C.

M

Macédoine, *Macedonia*. La Macédoine, située entre la Grèce et l'ancienne Thrace, était d'abord peu de chose; mais, sous Philippe et sous Alexandre son fils, elle s'étendit beaucoup et devint célèbre dans l'histoire. Ses principales villes étaient *Edesse*, *Pella*, *Thessalonique*. Aujourd'hui la Macédoine est une province de la Turquie européenne, bornée au nord par la Servie et la Bulgarie, au midi par la Livadie, et à l'occident par l'Albanie *Saloniki* en est la capitale. Cette ville est bâtie sur les ruines de Pella, où naquirent Philippe et Alexandre.

Mantinée, ancienne ville d'Arcadie dans le Péloponèse, célèbre par la victoire d'Épaminondas, général des Thébains, sur les Lacédémoniens et les Athéniens réunis. Cet illustre guerrier y périt couvert de lauriers. C'est aujourd'hui *Tropolizza*.

Marathon, bourg de la Grèce, dans l'Attique, à dix milles d'Athènes, fameux surtout par la victoire mémorable de Miltiade sur les Perses. Ce bourg conserve encore aujourd'hui son nom.

Massagètes, *Massagetæ*, ancien peuple de la Scythie. Beaucoup d'entre eux occupèrent les contrées appelées aujourd'hui le pays des Usbeks et le Korasan.

Médie, *Media*, grande province d'Asie; elle paraît tirer son nom de Madaï, troisième fils de Japhet, qui gouverna ce pays. La fameuse Ecbatane en était la capitale.

Mégalopolis, ville du Péloponèse, dans l'Arcadie, formée, sous les auspices d'Epaminondas, de plusieurs petites villes réunies en une seule, après la bataille de Leuctres, afin qu'elle fût plus en état de se défendre contre les Lacédémoniens. Cette ville est la patrie de deux grands hommes, Philopœmen, un des plus habiles capitaines de l'antiquité, et de Polybe, historien avantageusement connu. On nomme aujourd'hui cette ville *Léontari.*

MEMPHIS, ville considérable d'Egypte, jadis célèbre, sur la rive gauche du Nil, peu loin des pyramides. Cette ville avait plusieurs temples magnifiques, entre autres celui de Vénus et celui du dieu Apis; il ne reste plus de cette antique cité que des masures. On voit aujourd'hui sur quelques-unes de ses ruines le bourg de *Gaze.*

MER ROUGE, *Sinus Arabicus* et *Oceanus Ruber* dans Horace; golfe de l'Océan méridional, séparé de la Méditerranée par l'isthme de Suez qui joint l'Afrique et l'Asie. Les anciens l'ont nommé le *golfe d'Arabie*, parce que les Arabes en ont occupé les deux côtés. Les Turcs la nomment souvent la *mer de la Mecque,* parce que cette ville est située près de cette mer.

MÆRIS (lac). C'est un lac d'Egypte, à l'occident du Nil. Il doit son nom au roi Mœris qui le fit construire pour remédier aux irrégularités des inondations du Nil. Ce lac communiquait à ce fleuve par le moyen d'un canal de de plus 4 lieues de long et 50 pieds de large. De vastes écluses ouvraient le canal et le lac, et les fermaient selon le besoin.

MÉSOPOTAMIE, vaste contrée de l'Asie, renfermée entre le Tigre et l'Euphrate; elle est séparée au nord de l'Arménie par le mont Taurus. Ce pays est fameux dans l'Ecriture Sainte, pour avoir été la première demeure des hommes avant et après le déluge.

MESSÉNIE, *Messenia,* contrée du Péloponèse, au milieu de l'Elide et de l'Arcadie, et au couchant de la Laconie. Messène, célèbre dans l'histoire par les guerres qu'elle soutint contre Lacédémone, en était la capitale.

MILET, *Miletus*, était une ville maritime sur le Lycus, capitale de l'Ionie, et l'une des plus anciennes villes de cette partie de la Grèce. Milet, mère de plus de 70 colonies, comme le dit Pline, est surtout recommandable pour avoir été la patrie de Thalès, d'Anaximandre, d'Anaximène, d'Hécatée, de Cadmus et de Timothée.

Deux milésiennes non moins célèbres que ces grands hommes, Thargélie et Aspasie, honorent encore la ville de Milet.

MYCALE, montagne d'Asie, dans l'Ionie, vis-à-vis l'île de Samos.

MYCÈNES, *Mycenæ*, ville du Péloponése dans l'Argolide, à trois lieues d'Argos, en tirant vers le sud-ouest; elle était la capitale des états d'Agamemnon.

MITYLÈNE, ville d'Eolie dans l'île de Lesbos, et sa capitale jadis très célèbre. Pittacus, un des sept sages de la Grèce, Alcée, fameux poète lyrique, et Sapho, surnommée la dixième Muse, avaient reçu le jour à Mitylène. Castro, capitale de l'île de Mételin (anciennement Lesbos), a été bâtie sur les ruines de Mytilène.

N

NIL, grand fleuve d'Afrique qui parait avoir sa source dans l'Abyssinie; il coule du midi au nord, et se décharge dans la Méditerranée. Les inondations de ce fleuve fertilisent les terres de l'Egypte et font sa principale ressource; elles commencent en juillet et finissent en octobre et novembre. La fertilité des moissons dépend de la crue plus ou moins grande des eaux : si elle ne va pas de 16 à 18 coudées, et si elle passe 24, l'année est mauvaise. (On estime communément la coudée à 20 pouces et demi de notre pied.)

NINIVE, ville fameuse d'Asie, capitale de l'Assyrie, fondée selon les historiens profanes par Ninus, selon les historiens sacrés par Assur, fils de Sem, ou Nemrod, fils de Chus. Elle était située sur le bord du Tigre, à peu près vis-à-vis l'endroit où est Mosoul.

O

OLYMPIE, ville du Péloponèse, dans l'Elide, auprès de l'Alphée; elle a été célèbre par le temple et les oracles de Jupiter dit *Olympien*, et après la cessation des oracles, par les jeux appelés *Olympiques;* ils se célébraient en l'honneur de Jupiter tous les quatre ans, et duraient cinq jours. Les jeux olympiques étaient les plus fameux, les plus solennels, et peut-être les plus anciens jeux de la Grèce.

OLYNTHE, ville de Thrace, en Macédoine, entre les golfes Thessalonique et de Torone. Elle a été totalement ruinée par Philippe.

P

PAROS, île de l'Archipel, et une des Cyclades; elle n'a guère que 36 ou 37 milles de tour; elle est située entre l'île de Naxie à l'orient, et celle d'Antiparos à l'occident. On vantait beaucoup les marbres de Paros.

PÉLOPONÈSE, *Peloponesus*, aujourd'hui la *Morée;* c'est une grande presqu'île qui faisait la partie méridionale de la Grèce, jointe à la septentrionale par l'isthme de Corinthe. Ce pays fut appelé d'abord *Apia*, sous le règne d'Apius; *Pelasgia* sous celui de Pélasgus; *Argos* sous celui d'Argus, et enfin *Péloponèse* sous celui de Pélops.

PÉLUSE, *Pelusium*, ville d'Egypte, à l'embouchure du bras le plus oriental du Nil. Ezéchiel la désigne sous le nom de *Sin*, et l'appelle la *force* et le *rempart d'Egypte.*

PERSE, *Persæ*, grand royaume d'Asie, borné au nord par la Circassie et par la Géorgie, au midi par le golfe Persique et la mer des Indes, au levant par les états du Mogol, et au couchant par la Turquie asiatique. Le mont Taurus la coupe par le milieu. Le monarque prend le titre de *Sophi. Ispahan* en est la capitale. Voilà la Perse de nos jours.

L'ancien empire des Perses était bien plus étendu. Il a été fondé par Cyrus et détruit par Alexandre, il a duré 230 ans. Ses villes principales étaient Persépolis, Suze et Ecbatane.

PERSÉPOLIS, ville capitale de la Perse. On admire encore aujourd'hui les superbes restes du palais de Darius, à quelques lieues au nord de Chyras, capitale du Fasistan.

PHALÈRE, *Phalerus*, ancien port d'Athènes, peu éloigné de Munichia; le poète Musée, inventeur de la sphère, et le célèbre Démétrius de Phalère y ont reçu le jour.

PHAROS, île d'Egypte, vis-à-vis d'Alexandrie; elle a été réunie au continent par une chaussée de sept stades de longueur, appelée pour cette raison *heptastade.*

PHÉNICIE, *Phœnicia*, province de Syrie, en Asie, resserrée entre deux montagnes d'une part, et appuyée sur la Méditerranée de l'autre. Au reste, les limites de cette région ont beaucoup varié selon les différents temps. Les principales villes de la Phénicie dont nous parlons ici sont Sidon, Tyr, Ptolémaïs et Bérythe.

PHÈRES, *Pheræ*. On comptait beaucoup de villes du même nom; celle dont il est ici question se trouvait dans la Thessalie, sur le Naurus, assez près des monts Ossa et Pélion.

PHOCIDE, contrée de la Grèce, entre la Béotie et la Locride. Deucalion fut le premier roi de ce pays, où se trouvaient le mont Parnasse et le temple de Delphes.

PHRYGIE, *Phrygia*, grande contrée de l'Asie-Mineure; les géographes sont peu sûrs de l'étendue de ce pays. Ce sur quoi on paraît d'accord, c'est qu'il occupait à peu près le centre de l'Asie-Mineure, et qu'il avait la Cappadoce à l'est.

PLATÉE, *Platea*, ville de la Béotie, sur le fleuve Asope, au midi de Thèbes. Ce fut près de cette ville que les Grecs, commandés par Pausanias et Aristide, gagnèrent, l'an 479 avant J.-C., une fameuse bataille contre Mardonius, beau-frère de Xerxès, roi de Perse.

PONT-EUXIN, *Pontus Euxinus*, ou mer Noire, est une grande mer entre l'Europe et l'Asie, au-delà du bosphore de Thrace.

POTIDÉE, *Potidœa*, ville de Macédoine, sur l'isthme qui joignait cette contrée à la presqu'île de Pallène; elle était éloignée d'Olynthe de 60 stades, à peu près 3 de nos lieues. Elle fut appelée depuis *Cassandrie*, du nom de Cassander qui la rétablit, ou du moins y fit de grands embellissements.

PIRÉE, port d'Athènes très célèbre, fermé de murs qui se prolongeaient jusqu'à la ville, c'est-à-dire, l'espace de 40 stades ou de 2 lieues. On y voit un superbe lion en marbre; ce qui lui a fait donner le nom de *Porto-Leone*.

PYTHIQUES (jeux), institués à Delphes en l'honneur d'Apollon, à cause de la victoire insigne de ce dieu, disent certains auteurs, sur l'énorme serpent Python. Ils étaient très célèbres. D'abord ils eurent lieu tous les huit ans, ensuite tous les quatre ans, enfin tous les deux ans.

R

Rhodes, ***Rhodus***, île d'Asie dans la Méditerranée, et au sud de la Carie. Elle a 16 lieues de long et 6 de large, sur 44 de circonférence. Rhodes, autrefois fameuse par la statue colossale d'Apollon, en est la capitale.

Rome, ***Roma***, la ville par excellence, fondée par Romulus, qui la plaça sur le mont Palatin; elle est la première ville d'Italie, sur le Tibre, et la capitale du monde chrétien. Elle renferme une foule de monuments précieux. On y compte 165,000 habitants.

S

Salamine, *Salamis* ou *Salamina*, petite île de la Grèce dans le golfe Saronique, vis-à-vis d'Egine, à jamais fameuse par la victoire de Thémistocle; elle est la patrie du poète Euripide et de Solon. On lui donne environ 25 lieues de circonférence. C'est aujourd'hui *Colouri*.

Sardaigne, *Sardinia*, grande île de la Méditerranée, entre l'Afrique et l'Italie, au midi de l'île de Corse dont elle est voisine, et au nord-ouest de la Sicile. Elle a environ 170 milles de long sur 90 milles dans sa plus grande largeur. *Cagliari* et *Sassari* en sont les principales villes.

Sardes, grande ville de l'Asie, capitale du royaume de Lydie, au pied du mont Tmolus, sur le Pactole.

Scythie, *Scythia*, grande contrée de l'Asie dont les bornes n'étaient pas bien déterminées par les anciens, ni bien connues. La Scythie des anciens était à peu près ce que nous nommons *Tartarie*. Ils la divisaient en *Scythie en-deçà de l'Imaüs*, et *Scythie au delà de l'Imaüs*.

Sélasie, *Selasia*, ville de la Laconie, au nord de Sparte, sur le fleuve d'Œnus. Il n'en reste aucuns vestiges.

Sparte, *Sparta* ou *Lacédémone*, etc. (*Voyez l'article Lacédémone*.)

Les Spartiates étaient proprement les citoyens de Sparte, et on appelait Lacédémoniens les différents peuples de l'Etat.

Sicile, *Sicilia*, île de l'Europe dans la Méditerranée, près de la côte d'Italie dont elle n'est séparée que par un détroit appelé aujourd'hui *Phare de Messine*. Sa longueur de l'est à l'ouest est de 180 milles, et sa largeur du midi au nord de 130. Palerme, Messine et Catane en sont les principales villes.

SICYONE, *Sicyon*, ville du Péloponèse, dans la Sicyonie, en Grèce, près de l'Asopus. Cette ville fut autrefois puissante et capitale du royaume de son nom. Aratus, l'un des grands capitaines de l'antiquité, était de Sicyone. Elle était encore célèbre par plusieurs grands artistes.

SIDON, jadis fameuse par son commerce, était une ville de Phénicie, dans la Syrie, à 24 milles de Tyr, aujourd'hui Sour. Plusieurs géographes pensent que Séide est l'ancienne Sidon.

SOGDIANE, *Sogdiana*, contrée d'Asie, entre les fleuves Jaxartes et Oxus. *Maracanda*, aujourd'hui *Samarcande*, en Tartarie, en était une ville principale.

SYBARITES, peuples de Sybaris, ville de la Lucanie, en Italie, sur le golfe de Tarente. La mollesse de ces peuples a passé en proverbe ; on dit d'un homme de mœurs efféminées et d'une délicatesse recherchée: *c'est un Sybarite*.

SYRIE, *Syria*, grande contrée d'Asie, bornée au nord par le Diarbeck et l'Anatolie, à l'est par le Diarbeck et l'Arabie déserte, au sud par l'Arabie déserte et la Judée, à l'ouest par la mer Méditerranée. Elle forma un grand royaume sous les successeurs d'Alexandre; actuellement elle est une possession des Turcs, et se nomme *Souvie* ou *Soristan*. Damas en est la capitale.

T

TANAGRE ou TANAGRA, ville de Grèce, dans la Béotie, au voisinage d'Athènes. Cette ville était la patrie de Corinne, aussi célèbre par ses poésies que par sa beauté.

TARSE, *Tarsus*, ville d'Asie, dans la Cilicie, dont elle était la métropole, sur le Cydnus. St Paul était né à Tarse, ainsi que Hermogène, Athénodore, célèbre philosophe stoïcien ; Nectaire, évêque de Constantinople, vers la fin du IVe siècle. Cette ville, jadis si florissante, n'est plus qu'un tas de ruines, dans la Caramanie, à 8 lieues d'Adana.

TÉGYRE, *Tegira*, ville de la Béotie, située, selon Plutarque, entre le lac Capaïs et l'Euripe.

THÈBES, *Thebæ*, ancienne et célèbre ville de la Grèce, capitale de la Béotie. Sa citadelle se nomme Cadmée, sans doute du nom de Cadmus, fondateur de cette ville. Thèbes est la patrie de Pindare, qu'on regarde comme le plus grand de tous les poètes lyriques. Cette antique cité aujourd'hui n'est plus rien : quelques centaines de maisons, connues sous le nom de *Thiva* ou *Thive*, occupent l'emplacement de cette ville jadis fameuse.

THERMOPYLES, passage à jamais célèbre, qui séparait la Phocide de la Thessalie ; on appelait ce défilé la *Clef de la Grèce*. Ce passage a rendu à jamais fameux le nom de Léonidas, roi des Lacédémoniens, qui le défendit avec trois cents hommes seulement contre l'armée effroyable de Xerxès, roi des Perses. Le héros y périt avec sa brave armée, comme l'atteste cette épitaphe à la fois si simple et si sublime, gravée sur leur tombe, aux Thermopyles même :

« Passant, va dire à Sparte que nous sommes morts pour obéir à ses saintes lois. »

THRACE, *Thracia*, grande contrée de l'Europe, renfermée entre le mont Hémus, la mer Egée, la Propontide et le Pont-Euxin. Au reste, les anciens géographes ne sont pas d'accord sur les limites et l'étendue de ce vaste pays.

TIGRE, *Tigris*, grand fleuve d'Asie, qui prend sa source dans les montagnes de la grande Arménie, et se jette dans le golfe Persique.

TRÉSÈNE ou TROÉSÈNE, ville de la Grèce, dans l'Argolide, sur la côte orientale, à l'entrée du golfe Saronique. Pausanias fait une pompeuse description de cette ville et de tous ses temples.

TROIE, *Troja* ou *Ilium*, ville de l'Asie-Mineure, la capitale de la Troade, immortalisée par les poètes, sur le fleuve Scamandre ou Xanthus, fut prise et brûlée par les Grecs après dix ans de siége, l'an 1209 avant J.-C.

TYR, *Tyrus*, ville d'Asie, dans la Phénicie, sur le bord de la mer, au midi de Sidon. Cette ville, que l'Ecriture appelle *ville couronnée de gloire et de majesté*, n'a pas été moins célèbre dans l'histoire profane par son grand commerce et par l'industrie, l'activité et la bravoure de ses peuples. Elle porte aujourd'hui le nom de *Sour* ; on n'y voit plus que des ruines.

TABLE

Des matières contenues dans ce volume, sur l'histoire ancienne.

Sur les Mèdes et les Perses.

Sur les Indiens.

HISTOIRE GRECQUE.

CHAPITRE I

Des temps fabuleux et héroïques.

CHAPITRE II.

De Sparte et des lois de Lycurgue.

CHAPITRE III.

D'Athènes et des lois de Solon.

CHAPITRE IV.

Expédition de Darius et de Xerxès dans la Grèce.

CHAPITRE V.

Aristide et Thémistocle. La Grèce envahie par Xerxès.

CHAPITRE VI.

Les Perses vaincus partout et chassés de la Grèce.

CHAPITRE VII.

Rivalité de Sparte et d'Athènes. Administration d'Aristide.

CHAPITRE VIII.

Cimon augmente la gloire d'Athènes.

CHAPITRE IX.

Périclès gouverne Athènes.

CHAPITRE X.

Guerre du Péloponèse. Alcibiade.

CHAPITRE XI.

Suite de la guerre du Péloponèse. Reddition d'Athènes.

CHAPITRE XII.

Corruption de Sparte. Délivrance d'Athènes. Procès de Socrate.

CHAPITRE XIII.

Agésilas en Asie. Traité honteux avec les Perses. République de Thèbes.

CHAPITRE XIV.

Succès des Thébains jusqu'à la mort d'Epaminondas.

CHAPITRE XV.

Commencement du règne de Philippe, roi de Macédoine.

CHAPITRE XVI.

Fin du règne de Philippe. Phocion opposé à Démosthène.

CHAPITRE XVII.

Règne d'Alexandre jusqu'à la bataille d'Arbelles.

CHAPITRE XVIII.

Fin du règne d'Alexandre.

CHAPITRE XIX.

Affaires d'Athènes et de Macédoine.

CHAPITRE XX.

Jusqu'à la conquête de la Grèce par les Romains.

CHAPITRE XXI.

Ligue des Achéens. Agis et Cléomène.

CHAPITRE XXII.

Sur les arts, la littérature et les sciences de la Grèce.

REIMS. — IMP. DE P. REGNIER.

www.ingramcontent.com/pod-product-compliance
Lightning Source LLC
LaVergne TN
LVHW050413160826
845677LV00002BA/362

* 9 7 8 2 3 2 9 7 9 2 6 1 3 *